修霊道伝授教典

溝田象堂

溝田象堂著

修靈道傳授敎典

全

發兌

皇國修靈道本院

修靈道主教述

修靈道傳授教典

修靈道々旨之卷
修靈道体驗之卷

修靈經

大神靈者宇宙之本源也。悉宇宙森羅萬象歸大神靈之一元。即是宇宙爲大人而人爲小宇宙也。國家爲大人而人爲小國家也、社會爲大人而人爲小社會也。

斯故讃神靈修自之道、有信靈修之。信靈修之者　大神靈之眞理淨化而至眞至善至愛通大德、神明垂無限之眞德。眞善愛者道之根元也。以眞行善施愛之道　惟忠君孝親報國之大道也。

抑々修靈道在空私我而信眞我。恒常心身淸淨而奉唱修靈淨眞、靈氣心身充滿而自心氣爽快　自其身强健　啓眞善愛之大道、人生之福祉自是既大成。嗚呼修靈道大哉。修靈淨眞修靈淨眞、修靈淨眞

修靈行の心得

修靈經奉讀の際は手を洗ひ、口をすゝぎ、敬虔な態度を以つて式に從つて、坐を組み印を結びて純眞な心持にて奉唱するこさ。

修靈坐……　膝を三寸位開いて端坐する、兩足の大指は左を下に右を上に重ねる、脊柱を眞直にして腰を立て、胸さ肩の力を拔いて眼は半眼に開き前方三尺位の所を見る心持にてゐる。

修靈印……　左手の拇指を右手の示指さ拇指にて握り、右の示指を左の示指さ拇指にて握る、其他の三指は左右交互に外側にて組み合せ、掌を膝の上へ臥せる氣味に置く。

右は何れも自然に任せて、全身如何なる部分も平均に力を拔いてゐる樣にするのである。

修靈坐の姿勢

授典に臨みて

現在世に行はれてゐる靈術の傳授書や、講義錄は、その嚴めしい名稱にふさわしからぬ内容のものが少くない。如何に大冊の書物と雖ども、其の實質が空虚であれば、何等の價値もないのである。殊に体驗を尊ぶ靈的方面に於いて其の感を深くするのである。

世の多くの傳授書の如く靈的体驗に何等交渉のない理屈を無暗に並べたり、靈法施行に必要のない學説を長たらしく、羅列する事は、修學者の思想を混乱させ、修行の方針を誤らすことはあつても、此れを善導したり、此れが研究に益することの少ないのは當然の事である。是は要するに現下靈界の通弊であるが、此れが爲めに純心な心靈學徒の迷惑は非常なもので、從つて靈的事業の社會的信用を阻喪したことも少くないのである。故に本敎典の著述に際しては此の点に深甚なる注意を拂ひ、不要なる學説は努めて之を避け、靈的研究に必要な事のみを探錄し、殊に体驗と實地應用方面に重きを置いてある爲めに。之を一つの書籍として見る時は寔に價値のない体裁であるが、是を体驗して實地に應用せんとするものには、百金を投じても尙は得難い、尤も誠實にして親切なる導師である。

だから本敎典は唯讀む爲めに著したものでもなければ、印刷した紙を賣る爲めに出來たものでもない。唯尙ぶ事は內容の眞理である。

實に本敎典發刊は、心靈行者をして靈的体驗の奧底に達せしめ、靈的法術の眞義を悟得せしめて、心靈文化の普及を圖り、社會人類を救濟せんとするのである。此の点に於て、本道の敎典は本邦に於ける唯一の指導機關であると云ふ信念と抱負とを以てゐる積りである。

幸に本道へ入門せられた諸君は、充分此の点を理解せられて、迷はず疑はず專念に努力せられんことを望む。

修靈淨眞　々々々々　々々々々　合　掌

目次

以上

修靈道傳授敎典　第一卷

修靈道々旨之卷

修靈道主　溝田文右衛門　敎述

修靈道の修養論

修養とは何ぞや

近頃非常に修養とか鍛錬とか云ふことが流行して來た。毎日の新聞を見ても、種々な雜誌を見てもこうした言葉が載つてゐない事は殆どない。そして一般世人も非常に之を歡迎してゐるやうである。それでは修養とか、鍛錬とか云ふことは極く最近始つたことかと云ふと決してさうではない。併し今の人は之を口にすることを何か最新式の舶來語でも覺へたかのやうに得意になつて競つてゐる。

修養の流行、決して惡いことではない、大いに喜ぶべき傾向である。併し無闇に是を珍しがつて流行として葬つて仕舞ふ譯にはゆかぬ。吾々は是を眞劍に研究して充實したる修養の道をとらなければならない。

吾人人類が安全に生存して行く上にはどうしても修養しなくてはならない。吾々が若しも此の修養を怠つて現在の境遇に滿足してゐたならば、世が進歩しないのみか、人類は全く破滅するであらう。だから吾々人類は修養に依つて進歩し、修養に依つて生きて行くと云つても敢て過言ではあるまい。

これに對して中にはかう云ふ人があるかも知れない、それでは、野蠻人も生きてゐる、文明人も生きてゐる、同じ生きてゐるのに文明人は比較的に修養してゐるのであらうが、野蠻人が修養してゐるとはどうしても思へぬ。してみると修養に依つて人類が生きてゐるとは夢にも思へないのではないかと云ふかも知れない。又これと反對に若し野蠻人が修養してゐるとしたならば、彼等は進歩してゐる筈であるのに、彼等は禽獸に等しい生活をしてゐるではないか、野蠻人も人類であれば文明人も人類である、これから見ると修養に依つて人類が進歩するとも思へないと云ふかも知れない。諸君は之に對してどんな批判を下されるのか知れないが、私は飽くまでも人類は修養に依つて進歩し、修養に依つて生きてゐると主張する。そして生きる事進歩すること、之が修養の眼目であり、又之を目的とするのが修養の眞意義であらうと思ふ。

修養の流行する現代に於て、修養を口にする紳士叔女が、幾人この修養の眞義をわきまへてゐるか、私は殆ど想像がつかないから之は諸君の想像に任かして置く。根本の間違つた事には必ず缺陷がある。米を作るのに麥の種を蒔いても、その目的である米は取れない。切角修養しやうと思つても、其の出發点が間違つて居れは、眞に修養の目的を達することは出來ない。だから修養に志すものは第一に修養の何たるかを知らなければならない。

前にも云つた通り修養の本義は、

一、吾々が進歩して行く手段である。

一、吾々が生きて行く手段である。

總べて修養はこの双つを完備して居なければならぬ。

體育的修養に片寄つてはならぬ。

若しも體育的修養にのみ片寄つて精神的修養を怠つたならば、人は進歩しない。即ち茲で始めて前に疑問にされてゐた野蠻人の説明が出來るのである。野蠻人は體育的の修養をしてゐるだから彼等は生きることが出來るのである。

彼等は無邪氣な子供のやうに、跳んだり、はねたり、走つたり、殆ど人間の本能に從て生活をしてゐる。彼等の生活は自然に體育的修養に適つてゐる。

試みに今日吾々の體育的修養法から彼等の日常生活を考察して見よう。

野球、庭球、槍投げ、圓盤投、砲丸投げ、之等は皆悉々人類の物を投げると云ふ本能を滿足させるための一方便であるが、之を文明人から云へば最新流行の體育的修養法である。又彼等野蠻人から見れば、彼等は石を投げて禽獸を獵し、物を投げて他の種族と戰ふのである。即ち之が彼等の唯一の戰鬪手段であり、又大切な職業である。

其の他、蹴球、マラソン、高跳、幅跳、劍道、柔道、等に就いて一々考察すれば、現今吾々が體育的修養法として、推奬してゐることを彼等は毎日習慣的に實行してゐるのである。

だから彼等は自然に體育的修養をしてゐると云ふことが出來る。併し彼等自身は勿論自分が毎日體育的修養法をしてゐるなどとは思つてゐない、否それを考へる事さへ出來ない。彼等は自分のすることを自分で考へることが出來ない、何と云ふあさましい事だらう。なぜ彼等はそうだらう。これは今更云ふまでもないが、彼等は少しも進歩しやうとしない、即ち精神的修養に對して一向無頓着であるからである。だから彼等は唯生きてゐることは出來ても其の生活は人間らしい事が出來ないのである。

精神的修養に片寄つてはならぬ。

野蠻人の體格と文明人の體格とを比較すると、文明人は野蠻人の堂々たるに比べて至つて微弱である。之は野蠻人の自然的の體育修養よりも、文明人の人工的の體育修養が遙かに劣つてゐるからである。それから野蠻人の精神的修養に無頓着であるのに引換へて、文明人は精神的修養に餘念がないから自然に體育的修養が閑却されるのである。「文明は人類を虛弱にする」と云ふやうな言葉も、此のやうな考へ違ひな修養から來たのである。

殊に近來は精神修養、精神作興の聲が叫ばれて、此の種の修養機關は各所に設けられてあるが、之等に就いて修養するにしても、必ず片寄つた修養はさけなければならぬ。

眞修養の根底

前にも述べた通り、修養は吾人々類の一日も怠る事の出來ないものである。吾々が體育的修養を怠つて、精神的修養にのみ沒頭したならば、吾々は肉體的に滅亡しなければならない。若しも吾々が體育的修養にのみ全力を盡して精神的修養を怠つたならば、野蠻人の如く禽獸に等しい價値の無い者に成つて仕舞はなければならない。それだから吾々は日々の修養の根底を精神的と體育的との両者をうまく融合したものに置いて、其の目的を誤らないやうに心掛けなければならない。

今日の激烈なる生存競爭場裡に立つて、奮闘努力しなければならない吾々は、日に月に歩み行く現代を尙優越したる未來に創造せんとする吾々は、宜しく眞修養の根本義を理解して、修養に修養を積まなければならない。

心身修養の現狀

肉體と精神との靈妙密接なる關係に就いては、余も久しき以前より研究したのであるが、完く精神的修養論者や體育的修養論者の主張に異論はない、最もさうあるべきだと思ふ。併し之を其まゝ受入れて御尤だと云つてゐることは出來ない。

何事につけても、如何に論者が完全無缺の論を述べたとても、之が實際に於て實行されなければ何にもならない。正當な理論が實際に於て遺憾なく實施されてこそ始めてその理論の眞價が分るのである。

今日世に主張せる精神的修養論も、體育的修養論も隨分立派なものであるが、之が唱へられて居る今日の、修養的方面の敎育の現狀を見るのに少しく吾人の心膽を寒からしむるものがないでもない。

健全なる精神は健全なる身體に宿る。此の格言は誰でも知つてゐる。又事實それに相違ないと云ふことも皆一通りは知つてゐる。併し私の見る處では、眞に是を理解してゐる人が現代では極めて少ないと見へて、現今の敎育家の間にも此の研究が行屆いて居らぬやうである。

精神健全にして始めて身體は健全になり得る。又其の反對に身體健全にして精神始めて健全になり得る。是だけは誰も云ふのであるが、併し實地の研究はどうであるか、若し此の研究が敎育者間に行屆いてゐるならば、精神の敎育、即ち德育は肉體の方からも手を着くべき筈であるのに、今日の德育法を見ると唯道德の話や理論を説いて、知識や感情に訴へるのみで、肉體の方からは少しも手を着けてゐないやうである。又體操や運動を遣る場合には、唯肉體の發達にのみ注意しないで、精神の方からもはいるべき筈であるのに其の傾向がない。要するに現今の修養法は肉體と精神とは全く聯絡無しに、離れ〴〵になつて敎育されてゐるやうな觀があるこうした實況を目擊させられてゐる我々が、どうして今日の片寄つた體育的修養や、修神的修養に滿足してゐることが出來やう。宜しく吾々は尙一步進んだ修養の道を、執らなくてはならぬ。

靈的修養とは何か

既に精神と肉體との間に靈妙なる密接の關係があるのだから、修養上にも両者の健全を目的とする共通聯絡の方法がありさうなものだと思つて、私は久しき以前より之を組織的に研究した結果、修靈道なる靈的修養の眞道を創設するに至つたのである。

そこで從つてこの靈的修養論が成立された譯である。

現今の修養論は皆物心並行論（parallelism）を根據とした論說で、其の實際はデカルト（Descartes）の物心二元論に歸着してゐる。だから種々相違が生ずるのである。

玆に吾人が論究しやうとする靈的修養論は物心の間に物心を統括し、之を融合する處の靈なるものを認めて、之を修養すると云ふのである。靈の何たるか、又之を修する方法は後に讓つて先づ玆には靈的修養の何たるかを說明しやう。

既に再度述べたやうに吾々の精神と肉體との間には靈妙なる關係のあることは今更云ふまでもない誰も承知であるが両者の靈妙なる關係は何如にして結ばれるかこの兩者の間に何物が存在してゐるかに就いては恐らく誰人も考へたことはなからうと思ふ。

私は此の両者の間に何物かが存在して、精神作用を肉體に、肉體的作用を精神に媒介するものがあることを論證する。そして私は此の両者の媒介者に對して靈性と云ふ名を命名したのである。それで此の靈性を適當に修養することに依つて、吾人の肉體を壯健にし吾人の精神を清淨ならしむることが出來ると云ふのである。

それでは此の靈性の修養に就て、昔から何等の方法もなかつたのかと云ふと決してさうではない。だから靈的修養は今始めて出來た最新の修養法ではない、古人にも現代人の中にも不知〳〵この靈的修養を實行してゐるものが澤山あるのである。

即ち靈的修養とは普通の場合口に云へない、見るに見られない靈性、吾々の心身を融合し之が中間に立つて聯絡を執り、之を支配する處の靈性を修養し、この靈性の修養に依つて、

吾人の身心を改造し修養する方法である。

云はゞ體育的修養と精神的修養とを總括し之等を超越した理想的修養法である。

修靈道の生命論

生命の研究に就て

生命と云ふ觀念は死と云ふ觀念と共に大古から人類の考察に上つてゐた。故に之れに關する研究は洋の東西を問はず、夙に異常の發達を示してゐる。東洋では今から二萬余年の昔、かの伏義の時代に初まり、西洋にては紀元前五六世紀の頃、希臘の自然哲學者及醫家の間に行はれてゐたのである。併し生命の研究が科學的に整然たる組織を有して來たのは十七世紀であつて茲に至つて始めて生活機能に關する科學が成立したのである。當時の思想では人間の生活機能は物理化學的法則の內外の活力であると考へられた。而して此の思想は十九世紀の中程に到る迄持續せられ、人の知る如く十九世紀の後半に諸般の科學が大發展を致すと共に生理學上にも種々なる發見が起つたのである。其の結果は物質主義の洗禮から人間生活の機能も物理化學上の法則に支配せられてゐると云ふ學說が、勢力を占めるやうになつたのである。此の說からする時は、人間の生活機能は一つの器械と同一であると云ふのである。斯の如き發達を爲して來た人間生命の問題も尚今日に到つて確定した學説がないのである。

生命の表現

生命若しくば活力に就いては、世に二つの異つた見解がある。一は物質的の考へ方で此の考へ方では、凡て人間の生理心理の活動を目するに人体を組織せる電氣、磁氣及び化學的の働きと看なすのである。此の考へ方は近代科學の驚くべき發見に依つて既に癈説となつてゐるが、今尚醫學者の間には相當尊重されてゐる。今一つの考へ方は人間生命若しくは活力は、凡ての力の根源より出でゝ、全宇宙間の凡ての生物は同じ力の根源を其の最初の力であると見るのである。即ち此の見地よりすれば、凡てが精神であつて、世界に物質はなくて、唯物質は精神の震動であると云ふのである。

以上の説は唯心唯物の對説であるが、吾人は之に對して如何なる見解を有するかと云ふに、勿論物質界の法則を無視することも出來ないし、精神界の法則も無視する譯にも行かない。それだから吾々の心靈主義の立場から之を見る時は、此の兩者の何れにも通じ何れをも包括する處の或るものを求める、私は此れを靈と呼ぶ。靈は即ち宇宙間の凡てのものゝ根源であつて、凡てのものは此の靈の活力に依つて生きて行くと云ふのである。故に此の見地からすれば物質も精神も靈の活力の二様の現れである。結局の所を云へば、私共の頭に輕く浮んで來る感想よりダイヤモンドや白金の破片に至るまで、宇宙間の凡てのものは皆この靈の活力の表現に外ならぬのである。

原子は物質の極微分子であつて、之はもうこれ以上分解することの出來ないものであるやうに考へられてゐた時代もあつたが、今日では此の原子は宇宙に遍在せるエーテルの上に於ける電氣の積極消極の作用から出來ると云ふ説が有力となつてゐる。だから私の云ふ生命も物質も宇宙間の凡てが靈の活力の現れであると云ふ説も敢て過説ではあるまいと思ふ。

生命の本質

人生に於ける総べての事象を否定するものがあつても、否定する事の出來ないのは生の執着即ち吾々人間が生きてゐると云ふ事實である。これは人間が母体を離れて、ギャッと産聲をあげて以來、臨終の息を引き取るまで一瞬時も休まない要求であると云はねばならぬ。

シヨツペンハウエルの「生きんとする意志」と云つたのも、オインの「獨立的精神生活」と云つたのも、ベルグソンの「生氣的動力」と云つたのも、結局斯る要求を指したのである。勿論是等數氏は生命の根本原理に對する見解には、多少の相違はあるも、其の本質的要義を極めて見ると永久に生きんとする要求を指したものに他ならない。

然らば此の要求を滿足せしめる力即ち生命の活力は如何と云ふに、之れは宇宙的エネルギーが肉体に即して表現するものであつて、有機体と關係する間に於て物理學的エネルギーを支配するものである。故に活力は他のあらゆる物理的の力とは全然異つた獨自在なもので、其の表現には常に物理的有機体を利用することを必要とするものである。即ち言ひ換へれば生命の表現には、まづ物と力との最も複雜なる且つ最も微妙なる組織がなければならぬ。更に其の組織が現存し、更に其各部分が絶對的に完全でないならば、生命は其物と力との合成物を利用し自らを表現し能はぬものである。茲に於て所謂宇宙のエネルギー（大神靈の活力）が吾々の肉体を通じて活力（靈性）となり、其超自然的因子から生命現象が起るのである。と云ふ吾人の生命論の説明が着くのである。

永久の生命

彼のウパニシャットの言に「宇宙の一切の活動に自現する神は、人心に宿つては崇高の靈となる。刹那の直覺に依て自證する人には無窮の生命を得べし。」とあるが實に人間生命の終極問題は永久の生命と云ふことである。古來のありとあらゆる宗教は、何れも此問題の解決として發生したことは見易い道理である。それは既成宗敎の殆どすべてが未來觀に生きてゐることからしても充分想像のつくことである。然るに物質主義の唯物論者は之等の創設を打破せんとして種々なる方面からこれが破壞論を試說したが、遂に大なる功を奏することが出來なかつた彼等の全盛な時流の裡には何時しか神秘主義が甦生して遂には之が解決を心靈研究に求めるに至つたのである。

印度の豫言者は「靈の閃きは不死なると共に死なり」と云つてゐる。彼等は生は死なりと云ふ絕對の確信を以つて、生と死との間に何等の矛盾を認めなかつた。彼等は人間の出沒は恰も大海の表面に立つ波のやうなもので現はれては消え、消えては現はれるものだと云つてゐる。これはとりもなほさずウパニシットが「凡てのものは不死の生命より出でゝ生命と共に打戰ぐこの生命こそ無限なれ、」と云つたことを自覺した叫である。

併しこの永久の生命の立證は如何に科學者が力んでも、宗敎家が沈索しても、心靈研究によりて其の偉大なることを實驗的に證明せざる限り、矢張り一の巧妙なる理論にすぎぬ。

そしてこの永久の生命が確實に證據立てらるゝことによつて、始めて生命の意義が確定し、人生に光明が輝く、未來に對する希望が豊富となり、眞面目になれる、從つて努力も出來るし奮闘も出來る。物質萬能の迷信を根本から打破して、玆に實驗研究を基礎とした新しい人生觀が出來るのである。故に吾人の生命觀よりするときは、心靈問題の研究は單なる好事的事業ではなく、生命學上欠くべからざる大切な事業であると同時に、あらゆる宗教の根本源理を釋明する人類最要の大事業である。

故に吾人が心靈主義をかざして、心靈研究に沒頭するのも、要するに實驗的事實を基礎とせる生命學を建設して、人生の眞意義を明らかにせんとする希望に外ならぬのである。

宇宙生命の建設的法則

西暦一八六三年にジョン、ニユランドは一つの物体に於ける原子と原子とが諧調的法則に從つて配列されてあることを發見したが、物体と物体とが又同樣な法則に從つて配烈されてゐるのである。されば宇宙全体が同樣な法則に依つて拵らへられてゐると云ふことが出來る。此の法則を名づけて宇宙生命の建設的法則と云ふのである。而して宇宙生命の建設的法則に從順なものは常に美であり、建全であり、自然である。又反對に此の法則に違反したものは常に醜であり、不健全であり、不自然である。

自然界が秩序正しく、且つ美であるのは宇宙生命の建設的法則に從順であるからである。けれども人間のみには意志の自由があるから、我と自ら其の法則に違反する事が多い。これ即ち人間の不健康であり、多病である所以である。

修靈道の信條

修靈經正文

大神靈者宇宙之本源也。悉宇宙森羅萬象歸大神靈之一元。即是宇宙爲大人而人爲小宇宙也。國家爲大人而人爲小國家也。社會爲大人而人爲小社會也。

斯故讃神靈修自之道　有信靈修之。　信靈修之者　大神靈之眞理淨化而至眞至善至愛通大德　神明垂無限之眞德。　眞善愛者道之根元也。以眞行善施愛之道　惟忠君孝親報國之大道也　抑々修靈道者在空私我而信眞我。　恒常心身淸淨而奉唱修靈淨眞　靈氣心身充滿而　自心氣爽快　自其身强健　啓眞善愛之大道　人生之福祉自是无大成　嗚呼修靈道大哉。　修靈淨眞　修靈淨眞。　修靈淨眞。

修靈經に就いて

修靈經は修靈の道に志す者の教典であり、信條である。修靈道の大義は悉く此の一卷の經文中に含まれてゐる。故に此の道に志した諸君は朝夕之を誦讀して心身の淨化を圖り、又他人の病氣治療の際は機に臨み本經を誦讀して暗示の力を大ならしめるやうにするのである。本經は修靈道の教義であると共に宇宙觀であり、人生觀である。以下順を追つて説明しやう。

修靈道の宇宙観

宇宙は限り無き廣さと、悠久の時間とを持つてゐる。玄妙にして解し難きが宇宙である。無始無終絶對の實在が宇宙であるとは誰もがもつ宇宙観である。げに宇宙は謎に充ち満ちてゐる。然らば修靈道の宇宙観は如何？　これは當然起るべき疑問である。修靈經に「大神靈は宇宙の本源なり」とある如く修靈道では宇宙の原始型を靈の一元に飯してゐる。即ち宇宙の始めに於ては物質は何一つもなく、靈のみで造られてゐたのである。而してこの靈が原動力となつて、宇宙の森羅萬象が形成されたのである。

靈の力は洪大無邊である。靈の創造力は下向的に物心の二元を產み、之が素となつて人間が出來たのである。即ち人間の小生命は宇宙の大生命の分派的表現に外ならないのである。

以上の觀察からすれば人間は勿論人間の組織する國家社會尙廣めては全世界の形成活動に至るまで靈の活力の表現であるのである。究竟すれば宇宙には靈の外には何物もなく、宇宙は靈の表現であると云ふのが吾が修靈道の宇宙観である。而して大神靈と云ふのは宇宙の際限と宇宙の歷史とを超越した靈の大本を旨す神格である。即ち之を表示すれば左の如くである。

神格｛大神靈＝靈性｝人格

｛心性・体性｝人間＝｛國家・社會｝全世界

以上の如く靈は萬物の生みの母であり、天地に先き立つて存在してゐたのである。神道で云ふ造化の神も、基督敎の造物主も總べてこの大神靈の別名に他ならぬ。靈が萬物萬象の創造主であるなれば靈の力を以つてすれば世に不可能なことはない筈である。而して若し人間が靈の力を支配する事が出來るなれば、人間に不可能なことはない筈である。從つて人間の苦惱を去り、心身を健全にして、神の大徳に通ずることも敢へて難事ではない筈である。

然らば吾々は如何にして靈を支配し得るか？と云ふに、之は吾が主張する靈的修養を於いて他に何ものもないのである。之を宗敎では神人の合致と云ひ、哲學では大我と小我との融會と云ふのである。

修靈道の祈禱

「持ちたるものは、尚ほ與へられて余りあるべく。持たぬものは、其の持てるものさへも取り去らるべし」とは基督の言であるが、之は救を求むるの希望と努力のあるものは、神の救を與へらるゝも、其の希望と努力のないものは、唯だに救ひを得ざるのみならず、自然に賦與されてゐるものまでも、取り去らるゝであらうとの意である。實に基督の言や至言である。其の正しき祈禱は自ら爲さんとする努力と自助の精神でなくてはならない。自らの靈と心と肉体との不調和を自らの修養に依つて大自然の法則（大神靈の創造力）に順應せしめんとする願ひでなくてはならぬ。これ畢竟靈を支配し得る偉大なる力を自己に發現することになるのである。私は斯く云ふも神や自然の助力を祈願することを全然拒むのではない。私は斯く〳〵の事を爲して呉れと祈らずして、私共に斯く〳〵の事を爲すべき力を與へ玉へと祈るべきであると思ふ人生の戰場に於いては、常に神の助力を借らねばならぬことは當然であるが、それは忍耐强き自己の努力に依つて得なければならぬ。

故に修靈道に於ける祈禱は

神よ！　私共に、汝の法則に從つて生活し得る力を與へ玉へ、そしてそれに依つてのみ凡ての善き事が私共へ來る事を信せさせ玉へと祈るべきである。

修靈道々旨の巻終

修靈道傳授教典　第二卷

修靈道體驗之卷

修靈道主　溝田文右衛門　教述

開卷の辞

諸君が修靈道に入り、本卷を研究するに先だち一言云つて置き度いことがある。それは他でもない靈的修養の原野は無限であるが、その修養は理論の研究よりも實地の体驗の方が遙かに大切であると云ふことである。幾百卷の書物を讀むよりも眞劔な一分間の實修の方がたしかに價値がある。然るに今日の研究者は徒らに多くの書籍を讀むことにのみ沒頭して、眞に之を体驗するものが少ないやうである。これでは何時までたつても、靈的修養の眞味を味ふことは出來ないのである。本卷の如きも唯之を漫然と讀破する丈けでは何等の價値もない。一法々々に之を實修し体驗してこそ初めてそこに意義があるのである。それで本巻に修めてある各法は、現下靈界で行はれてゐる殆ど全部であるから、是が修行に通達する時は現代の靈界では決して他に後れを取る樣なことはないのである。

併し乍ら玆に注意して置き度いことは、靈的修養の原野が無際限であると共に、各人に依つて其の靈能に差異特質があると云ふことである。例へば甲には透視が出來ても、乙には出來ないことがある。又之と反對に、乙には念寫が出來ても、甲には出來ないことがある。これは甲には甲の靈的原野があり、乙には乙の靈的原野があるからである。從つて自己と同樣な靈的体驗を人に强ふる事も無理だし、又人の体驗の全部を自己に發顯せんとするのも無理な願ひである。故に吾人は唯自己に與へられた靈能を發揮して、自己の原野を開拓することが肝要である次に本巻の修法は余の別著「現代靈術の正体」中に記述してある修靈法が其の基本となるものであるから之が實修に先だち、充分同法を修めて身心共に周到な準備をしてかゝらなくてはならぬ。

靈動法の修法

此の靈動法の實修をなすには、其の前に準備として修靈法を正規に從つて一回通り修行して後に行ふのが最も良い。併し之は初修者のすることで、熟練した者はそれには及ばぬ。

靈動法の姿勢

姿勢は熟練すればどんなでも構はないが、初修者の爲めに、座式、立式、の二種を說明して置かふ。

座式……座式の練習をするには可成疊の上か、板敷ならば座蒲團を敷いて座つてゐて、あまり苦痛を感じない程度にして置くことが肝要である。さて座り塲所が出來たならば、今度は其の座法を說明しやう。

(1)、先づ普通に端座しなさい。

(2)、腰を眞直に立たせ、上體も確つかり直立させること。

(3)、足は左右の母指が少し宛重り合ふやうにして置くこと。

(4)、腕を水平に前に伸ばして今度は両手と肘を張つて胸の處へ持つて來て合掌する事。

(5)、合掌は両手の指を廣げて合せ然る後に中指と食指のみを立たせて他は組合する。

立式

(1)、座式と同様な合掌をして直立すること。
(2)、足は踵及び爪先を合せて置くこと。
(3)、鼻に臍に足の爪先きが一直線に成るやうにすること。

誘動法

以上の中任意の姿勢が執れたならば、全身は極めて安静にして置き、そして合掌した中指と食指の根本にのみ充力するのである。斯くして暫くすると指頭へ微動が起きて來る。初めは前後か、左右か、上下かへ、少し宛動搖して行くが、段々に激しく成るに連れて、全身が立つたまゝ、座つたまゝ、跳動するやうになる。何れも自然に動搖するのだから激しくなると自分の意識では仲々動搖を止めることが出來ないことがある。斯かる時には両手の合掌を解けば間も無く振動は止まるのである。

今述べたやうに一回で調子よく躍動飛動の狀態まで行けば良いが、實際は仲々そんな容易に行くものでは無い、指頭の微動が起るまでにも仲々練習を重ねなければならないのだから、增して躍動飛動に至る迄には餘程の熱心な練習をしなくてはならぬ。諸君が練習して若しも一回で指頭へ微動が發動したならば、其の人は非常に靈性の靈動作用が旺盛な人だから、後二三回も練習を繼續すれば、躍動飛動は直ちに修得が出來得るのである。又此の反對に幾ら連續しても微動だに發動しない事があるが、斯かる場合にも決して心配したり、落膽してはならぬ。前者の如きは至つて稀で十人の中七八人までは後者のやうな場合が多いのである。靈性の靈動作用は誰しも飛動躍動までは起るのであるが、それも練習の如何に依つて、作用の發動に强弱があるから、最初から發動が出來る者は、體質にもよるが多くは以前にも不知不識の中に豫備的素養が出來てゐたのである。だから發動が遲い人でも、練習を重ねれば必ず人並の發動は出來るから唯熱心に練習したがよい。幾ら毎日〳〵練習しても發動しないと嫌になるが、その時には發動を速やかに促進する唯一の手段がある。それが意識的誘動法である。此の法は合掌してゐる手を故意と振動させるのである。形を崩さず振動させて一心に練習してゐると、其の中に本當の靈動作用が發動して來て今度は振動を止めやうと思つても、中々止めることの出來ないやうに旺盛に發動が連續するやうになる、さうなればもう既に意識的誘動が自然靈動に變化し

てゐるのである。是れ迄になれば、次には何時でも自然に發動することが可能となるのである

作用發動中の狀態

誘動法に依つて一旦靈動作用が發動したならば、それを其儘放致して置けば最初は前後に、上下に振動し、遂には座したまゝで全身を動かし、或は前後に、或は左右に、或は上下に躍動させ、飛動させ、甚しきは旋回運動をするやうに成るのである。靈動作用の一番强烈に發動するのは、自然境に於て最も激しく、甚しきは三四尺位飛動することがある。前にも述べた通り此の作用は其の練習によつて發動を旺盛にする事が出來るのであるから不斷の練習が最も肝要である。唯熟練さへすれば、身体各部へも部分的に發動させることが自由に出來るのである。

次に靈動法の練習は、朝起床前とか、夜就床後とか、可成環境が靜かなそして心身の平靜な時が好適してゐる。一回の練習時間は十五分か二十分が尤も好いのである。

靈動法の効果

靈動法を實修した後は、少し身体に疲勞を覺えるが、決して身体に害はないのである。之を

体育方面から云へば一種の運動法で、各筋肉細胞が緊張し、血液の循環が良好となり發汗しては外部排泄が行はれ、従つて内臓の働きを順暢にするのである。又靈的に考究すれば、此の作用發動中は（殊に自然境に於ては）自然調和作用が發動して、身心の不調和が調節され、従つて諸種の疾病が治癒するのである。次に此の修行の後は精神が非常に爽快になる。少し位の頭痛や煩悶は此の練習に依つて除去する事が出來るのである。

或人は之を胃腸の養生法として朝夕實行してゐると云つてゐたが、獨り胃腸はかりでなく神經痛、齒痛、肩凝等に應用しても適確な効果がある。

觀念法の修法

觀念の力

「觀念は腦髓活動に隨伴する無能無力の影である」とは十八世紀から十九世紀の半頃へかけて發達した唯物論者の説であるが、右の説は今でも多數の科學者の頭を支配してゐる樣である併し現代の精神科學や心靈學の立場より考究する時は慥かに此の説が誤謬であることが伺はれる。若し觀念が無能無力であるなれば、彼の念寫や透視や讀心的現象を如何に解決するか？、すでに如上の事實が存在する限りは、「観念は何等か一種靈妙なるエ子ルギーを有するものであると云ふことを否定することは出來ない。福來博士は「観念は力なり」と云はれてゐるが、實に観念は玄妙なる力の所有者であると思ふ。

どんなものでも自己を身体に表現せんとして止まざるものが観念力である。言語にまれ、擧動にまれ、藝術にまれ、尙進んでは音聲、容貌・病氣の如き生理的現象に至るまでが、此の観念力に支配されてゐるのである。観念が吾人の身体に大なる力を持つてゐると云ふことは最早疑ふことの出來ない事實である。事實上吾人の観念は物の影の如く、有つてもなくても實際事物の存在の上に何等影響のないものではない。實に人間は観念に依つて生きるし、又観念に依つて死ぬのである。人間生命の存續上観念力は絶對の權威者であると云つても過言ではあるまい。観念力に對する右の如き見解は全く心靈現象に關する實驗的研究によりて、初めて証明せらるゝ所である。從つて爰で實驗的研究の結果を發表するのが順序であるが其の話は甚だ複雑であるから他日に譲つて玆では唯だ普遍的なる事實を照介して、観念力の如何に偉大であるかを示す丈けに止めて置く。

精神の持ち方如何に依つて身体の生理的活動に變動を與へ得ることは、日常吾人の經驗する所である。

吾人の心が恐怖、不安、憤怒等の狀態にある時に心臟の鼓動の數が增したり、梅干を見て酸味を聯想して唾液を多量に分泌したりすることは、誰人も經驗することであるが、これは觀念力が心臟と分泌作用へ及ぼした影響であることは明らかである。

或る醫者の所へ一人の出獄人が惱み顏で來り、不眠症と食欲不進で困ることを訴へた。醫者は直ちに其の血壓を計つた所が百九十ミリメートルあつた。二百ミリメートルが血壓の極度で極度に達すれば卒中か、血管破裂か、心臟痲痺が起るので、百九十ミリメートルと云へば、大變な血壓である。醫者は驚いて其人の身体を叮寧に診察したが、血管にも腎臟にも少しも異狀がない。不思議に思ひ乍らダン〳〵話をしてゐる中に、其人が絕ねず再び獄裡の人となることを恐れてゐた結果、斯く血壓が高まつて、不眠症と、食欲不進とを來したものと知れたので、醫者は彼に向つて安心の行く樣に說敎した。所が其の結果三時間の中に血壓が二十ミリメートル下り、翌日までには三十五ミリメートル下つて不眠症も食欲不進も一滴の藥を用ひずして拭ふが如く全快してしまつたと云ふことである。

其他娘が家出したのを心配して母の血壓が百七十五ミリメートルに高まつたが、三週間の後娘が家に歸つたので忽ち其の血壓が百五十ミリメートルに下つたと云ふこともある。以上の如く恐怖、不安などの觀念は非常に血壓を高めるもので、又この反對に憂鬱な精神狀態は血壓を降下さするのである。

觀念力の如何が血壓に影響するばかりでなく、血液の循環や、消化器系統や、分泌系統に影響することは通常澤山ある事實である。

此れもよくある話であるが、ヒステリー性の患者が胃痙攣で苦しんでゐる時、モルヒネを注射すると胃痙攣が癒るのである。其の後は同じ患者に度々モルヒネを注射すると中毒を起す虞があるので、大底は二三回注射して後は蒸餾水を注射するさうであるが、それでもモルヒネの時と同じ樣に効果があるさうである。それから或る醫者の細君が病氣になつた時に夫君が注意に注意して盛つた藥を與へた處が少しも効果がなくて困つた事がある。それは病前に良人が妻君に向つて「醫者の藥なぞは其の病氣に直接効果のあるものは至つて少ない。多くは呑む患者の氣分で治るものだ」と云ふやうな話をしてあつた爲めに、良人の盛つた藥は直接自分の病氣に効果がないと云ふ觀念を持つたので、切角夫君の念入りの調劑が効果を奏さなかつたのである。それでサンザン困り拔いた末下女の母親が見舞に來て、自分が奧樣と同じ樣な病氣に掛つた時服藥して癒つたと云ふ千金丹だか萬金丹だか名も知れない賣藥を呑ました所、可驚、奥サンの病氣はそれから非常に經過が良好で、其後二三日して殆ど常態に復したと云ふことであるまだ此の外に此れに類似した實例は澤山あるが、其れは他日に讓ることゝする。

以上各種の實例から推す時は人間の病的現象は殆ど此の觀念力の働きを受けてゐると云ふことが分ると思ふ。此の理を尙深く考索する時は、人間が生れてから死ぬまで殆ど觀念の支配を受けてゐると云ふことも想像し得らるゝことである。人間が此の觀念力を利用するとせざるとは、實に其人の幸不幸の境目である。

觀念法の意義

茲に說明する觀念法は、人間を觀念の奴隸となさしめるのでなく、自らが其の主人公となつてこれをうまく利用する手段方法を指すのである。而してこれを心理學的に云へば、觀念を潜在意識へ移入するとも云へば暗示を無意識界へ植付けるとも云ふのである。

心理學的に人間の精神を顯在意識と潜在意識とに分つことが出來る。而して顯在意識は比較的局限されてゐるもので、何等か外界の變化が五感の作用に觸れない限りは、是れを感知することが出來ないが、潜在意識に至つては洪大無邊で、その作用は極めて多種多樣であり、靈的である。そしてこの潜在意識は、吾々の感受する暗示を細大洩さず受容して、人間に想像外の偉大なる能力を起さしめるものである。

それで觀念法は此れを心理學的に云へば自己暗示と云ふことになるのである。その最大要件は自身を精神的に全然受動的にせしめることである。まづ意識の作用から來る五感刺戟を可成遠ざけて、自己が實現せんとする觀念又は暗示を十分に覺醒してゐる潜在意識に感應せしめんとする方法である。是を靈的に云へば体性と心性とを統御して靈性の發動を促すことになるのである。

觀念法の實習

觀念法の方法は極めて簡單で嘲笑せられる位であるが、其の論理は否定することが出來ないのみならず、其の効果に至つては實に豫想外のものがある。極簡單な方法から説明すると、朝起床前に寢床の中で、未だ目のすつかり覺めない中に冥目のまゝ「今日は一日愉快に暮せる」と云ふ言葉を操返して約三十回も唱へて見るのである。是は一見阿呆らしいことのやうであるが、些うした簡單なことでも二三日連續して實行して見ると其の効果が不知不識の中に現れて來て、少し位頭痛持ちの人でも其日一日を爽快な氣分で暮すことが出來るやうになるのである若しこれが病氣の人であれば「私の病氣はキット治る」「毎日だん／＼良くなる」と云ふやうな意味の言葉を用ひれば非常に効果があるのである。又之を修驗的方面へ應用するには「自分は必ず此の方法で修養が出來る」とか「此の方法なればキット統一が出來る」とか云ふ言葉を選んで行ふのである。

それでこの觀念法を實行するにあたつて注意することは、可成顯在意識の働きのにぶい時を撰んで實行することである。それには朝目が醒めかけた時とか、夜床の中で睡氣を催した時などが尤も適當である。又此の方法を行ふ時には手や足や肩の力を拔いて身体全部をゆつたりとさして行ひ、無理に精神を集中さしたりすることは尤も禁物である。

凝念法の修法

前に述べた觀念法が熟達すると今度は、或る目標をきめて其の目的に向つて一念を凝らし、觀念を集中するのである。而して此の方法を行ふには成る可く外界に心を奪はれないやうに、修靈法の心身調和法と心身統一法とを一通り實習して然る後に行ふことが得策である。（修靈法に就いては別著現代靈術の正体を參照せられたし）右之法に依り自然境の誘起された頃に適宜の姿勢をとつて左右の掌と掌を合せて、「掌と掌とはクッツイテ仕舞ふ」「もうクッツイテ離れない」と云ふことを默念して觀念力を手掌へ集中すると其の觀念力は不知不識の中に潜在意識に傳はつて掌と掌とは完全にクッツイテ仕舞つて顯在意識が幾ら氣張つてもこれを容易に離すことが出來なくなるのである。これは唯一例に過ぎないが、其他に兩腕を左右別々に掌を向ひ合せて、前方へ差伸ばして置いて、「左右の手はダン〳〵に接近して來る」とか「もう一分間たてば密着する」とか云ふ風に凝念するとダン〳〵に接近し終には現在意識で幾らこれを止めやうとしても止まらずして密着するのである。此の他「眼瞼が開かない」とか、兩手の指を交叉して「離れない」とか凝念するも宜からう、兎に角此の種の練習は其人の工風次第で幾らでも變つたことがあるから、諸君は成る可く種々の方法を考案して練習を積んで頂き度い。

凝念硬直法

これは觀念の力を以つて身体の一部又は全部を硬直にする方法である。右なり左なりの腕を肘關節の所で内方へ曲げて「この腕は曲つた」「どんなに力を入れても伸すことは出來ない」と強く凝念するのである。さうすると其の腕は硬直して、曲つた腕は自分の現在意識で如何に伸ばさうと思つても伸びないのみか、之を自分より二倍も三倍も力のある者でも伸ばすことが出來ないやうになる。これは片腕に凝念した一例であるが、其他に足に凝念するも宜からうし指を固く握つて「開かない」と凝念するも宜からう。併し此の場合凝念の程度は自分では容易に自由にすることが出來ないやうになる迄するのである。

水月受身之法

水月は俗にミズオチとも云つて人間の一番大切な急所である。胸骨の劒峰突起の下部に當る部位で此處を拳固で一づ突けば大概は氣絶するか、余り強く突けば一命にかゝると云ふ所であるが、之を平氣で突かせる法がある。併かも常人でなく柔道の達人が全力を注ひで突いてもピクトモしない方法がある。それはどうすれば良いかと云ふにやはり凝念硬直法の一種である。即ち最初下腹部充力法と身心調和法を實修して後に、「サア俺のミヅオチは鉄石の様に硬くなつた」イクラ人に突かれても痛くはない」と云ふ凝念をするのである。さうすると凝念をしたミヅオチの部分が固く成つて自分で突いても痛くなく、又他の人に突かせても痛くないやうになる。

併し此の實驗は最初から人に突かせたりしないで、初めは自分で突いて見て之に堪へ得るやうになつてから漸次に力の强い人に突いてもらうやうにしなくてはならぬ。

全身硬直法

今迄説明したのは身体の一部分の硬直法であるが、今度は全身を鉄捧のやうに硬直にする方法である。此の方法は仰臥するか、直立して心身調和の呼吸法をなし、全身をゆつたりさして「今や自分の身体は全身鉄石の如くに硬直する」と云ふ概括的な觀念法を爲し、然る後に各部分を漸次に凝念するのである。初めは両手を固く握つたまゝ身体の両側に付けて「此の手は鉄棒のやうに固くなつた」「ぴつたりと身体について執れない」と云ふやうに凝念し、其れから「首の骨が棒のやうになつて決して曲らない」「背骨が鉄石の樣に硬くなつた」「腰の骨が强直した」「足が棒の樣になつた決して曲らない」と云ふ樣に凝念の部位を移して全身の凝念を爲し終つた時「もう自分の身体はすつかり硬直した」と深く觀念するのである。さうすると全身は完全に硬直狀態になつてこれを橋渡しにして人の三人四人を腹の上へ載せても平氣なものである。右の硬直を素との狀態に返すには前と全然返對の凝念をして各部分を漸次に柔軟にするのである。

讀心法の修法

讀心法はテレパシーの原理に基くもので、甲の思想を乙に傳へ又は甲の思つたことを乙の動作に現はさしめる方法である。これは心理學的に說明すれば思念者の觀念力を受想者の潜在意識に移入することで、修靈哲學ではこれを靈性の思想受送作用に依るものであると云つてゐる

此の法を行ふには先づ思念者と受想者が必要である。右の両者は可成思想の似通つてゐる人か又は互に同情し合つてゐる者が適當である。從つて夫婦とか兄弟とかが此の両者になると非常に良結果を得るものである。先づ思念者は右手を出し受想者は左手を出して掌と掌とで握り合ふのである。此の場合受想者は冥目して雜念を去り、可成顯在意識の活動しない様に全身の力を拔いてボンヤリとしてゐるのである。次に思念者は受想者の頭部を凝視して「右の手で頭

を撫でよ」とか「机の上の本を取れ」とか自分の任意な事柄を撰んで強く思念して受想者に默命するのである。此の時思念者の思念は必ず正確でなくてはならない。あれにしやうかこれにしやうかと迷はずに自分の撰擇した一事項に向つて深く凝念して行はなくてはならぬ。それで最初は極簡單な事柄から初めて上達すれば少し位複雜した事柄でも自由に出來るやうになる。些うして思念者の思念が正確に順序よく行けば必ず受想者は思念通りの行爲を爲すものである

以上の如く二人接手の方法が完全に行はれるやうになれば、今度は其の間に他の人を四人や五人位連續しても兩者の間を紐や針金で連續しても前と同じ樣な結果が得られるものである。それから前述の思念する事柄は「机の上のペンを執つて筆立へ差せ」とか「甲の帽子を取つて乙の頭に冠せよ」とか「三歩前へ出て頭を下げて、前に落ちてゐる手拭を拾つて、甲の頭へ鉢卷をせよ」とか、何でも構はないから諸君で隨意な事柄を考案して行ふが良い。

　以上は思念者と受想者との間を人又は物質を以つて連續した時の讀心法であるが、今度は兩者の間を何等接續することなしに右と同樣な結果を得る方法を説明しやうと思ふ。先づ受想者を思念者の前方約五尺位の所へ冥目さして坐さしめるのである。そして受想者の兩手を前方へ伸ばさして、兩手の間隔を約一尺三四寸位にして置くのである。此の準備が出來たならば、思

念者は徐々に「兩手が近寄つて行く」と云ふ思念を凝らすのである。そして暫らくすると段々に受想者の兩手は接近して行くから、今兩手の間隔が四五寸になつたと思ふ頃「兩手は密着する」と強く凝念すれば必ず其の通りになるのである。之は尤も容易な方法であるが、此の他に二間も三間も隔て兩手を前に上げさしたり、左右に上げさしたり、右を向かしたり、左を向かしたり、種々なものを持たせたり、甚だしく成巧すると思念者が凝念と共に、右手を上げて受想者を押倒す眞似をすると、受想者は立つてゐることが出來なく後へ倒れてしまふことがある之を大靈道などでは倒身法と云つてゐる。まだ此の外に兩者の間へ壁を狹んだり、兩者の距離を十間も二十間も隔てたりして行ふ方法があるが、是とても特別の秘法がある譯ではなく唯前の應用に外ならぬのである。

尙此の外に思念者が、思念する事柄を受想者に云ひあてさす方法がある。受想者が前と同様な狀態にゐる時思念者が○とか△とか□とかの形体を思念するのである。そして一思念する度に受想者から其の形態を聞き執るのである。さうすると不思議によく適中する。是は形態に限らず、時計とか指環とか、箱とか云ふ物体でも同じことである。要するに讀心法の原野は無際限で、諸君が應用して實験すれば、隨分面白いことで出來ることゝ思ふ。

念寫の修法

念寫が吾國獨創の現象であることは別著靈術の正体で述べた通りであるが。念寫とは寫眞器械のやうな器具を用ひず、唯吾人の觀念力によつて、寫眞の乾板の膜面に直接物の形を寫らせるものである。

先づ其の方法を述べると寫眞用乾板を黑又は赤紙にて幾重にも包んで、それを箱に納める。其の箱は外界の光線が乾板に觸れないものであれば、紙箱でも、木箱でも、何んでも構はない少しでも包裝紙や箱に隙目があると光線が種板に感光するから、充分注意してやらなければならぬ。扨て右の用意が出來たなれば、其の乾板の入つてゐる箱を能力者の傍側へ置くのである其の位置は前へでも横でもよいが、最初は前方二三尺位の所がよい樣である。斯く準備が出來ると、能力者は念寫爲やうと思ふ形なり、文字を凝念するのである。是れがすむと今度は隨意な方法によつて精神統一をするのである。さうして精神統一が完全に出來ると、能力者の靈眼に乾板と念じたる形又は文字が現れるから、其の乾板へ念じたる形又は文字を押しつける樣に念ずるのである。そして此の兩者はピッタリとくつついてしまへば。それで念寫は終つたのである。その後右の乾板を現象して見ると、心中に念じたる形又は文字が乾板の膜面に寫つてゐるのである。以上の如く念寫は普通寫眞の如く太陽の光線を借りたり、其他物質的力を要せす唯非物質的精神力を以つて、乾板に物の形象を寫し出す方法である。唯此の實修で一番必要なことは、念寫する物形又は文字を克く凝念することゝ、完全に精神統一をすることである。

千里眼の修法

從來吾國に行はれてゐる千里眼能力者は殆ど催眠的暗示に依つて其の能力を發したものが多い。彼の有名な千里眼夫人御船千鶴子に清原氏の催眠術的誘導があり、長尾郁子に横瀨氏の指導がありし如く、是が千里眼能力發顯に尤も順當な近徑である。併し何人も適當の修行さへ積めば多少の千里眼能力を發し得ることは事實である。即ち其の例は古今東西に枚擧に暇がない程である。

凡そ人々が千里眼と云つてゐる現象を靈的に吟咏する時は、之を両つに區別する事が出來る即ち一つは透視現象であり、一つは靈覺の現象である。例へば包裝せる文字を視感に映して、云ひ當てたり、箱中の物品の形狀を視感に依つて知るが如きは前者に屬し、他人の精神狀態を判知したり、過去現在未來に亙つて起る事象を感知したり、遠隔の地の出來事を察知したりすることが後者に屬するもので、世人は些うした現象を一口に千里眼と云つてゐる。

人には皆直覺的靈能が多少具つてをるから其の修行練磨の如何に依つて、其の靈能力は殆ど神の如きものがある。而して此の千里眼能力を覺得するには如何にすれば良いかと云ふに、先づ一番簡單な方法は催眠術に依るのである。被術者が尤も深い催眠狀態に陷つた時、「あなたはもう千里眼になつた。透視も出來るし明日の天氣も分る」と云ふ樣に同じ樣な意味の暗示を繰り返して施し、覺醒後に箱の中のマッチの數を透視したり、次の日の天氣を靈覺したりして見るのである。此の樣な事を度々實驗するときは、期せずして透視が適中し、靈覺が可能になるものである。

是は催眠術に依つて千里眼を養成する方法であるが、是を自己自らが体驗せんとするには、本會の修靈法に依つて精神統一を爲し、觀念法に依つて千里眼能力發顯の自己暗示を爲すのである。

鎭魂法の修法

鎭魂法は皈神法と共に我國最古の靈法である。新らしい言葉を借りて云へば精神統一法の一種である。其の起源は遠く神代にあつて吾國古典にも其の解が少くない。即ち令義解に載つてゐる所に從へば、「鎭者安也人之陽氣曰魂言招離遊之運魂留身體乃中府故謂之鎭魂」とあるが要するに鎭魂とは身体から遊離せる吾人の靈魂を集めて之を中府に鎭めると云ふ意である。

鎭魂法を修行するには、先づ鎭魂の玉と云つて直徑五分乃至一寸位の正圓形の天然石が必要である。鎭魂の玉は修行者にとつて一番大切なものであつて、神社に於ける神体の樣なものである。遊魂を中府に鎭めるのが此の法の本意であるが、その妙奥に達するまで修行者は此の玉に向つて精神を集鎭するのである。此の石は可成淸淨な所にある活石が適當である。さて此の石が準つたならば、それを自分の正面の机上又は淸潔な台の上に置き、正規に從ひ修靈法を一回通り修して後、左右の手を胸先きにて組み合せ（中指、紅指、小指は何れも掌の中に組み合せて、示指を伸ばして輕く立て合す、拇指は左で右の爪上を輕く押へ、他の指は何れも左を下に右を上に組む）然る後に自己の精神が此の鎭魂の玉に集注する樣に凝念するのである、右の法が完全に出來る樣になると此の玉が重くなるのである。歐米の科學者の實驗記錄に依ると此の際一オンス位は其の重量を增すと云ふことである。以上は鎭魂法の基礎修法であるが、其の應用は無際限である、其の極致に達して自己の精神を自由自在に活用すれば、三四間も離れてゐて燈火を動搖させる事も出來れは、立木をバサ〳〵と動かす事も平氣で出來る樣になるのである。要は練習の如何であるから諸君は熱心に研究されんことを望む。因に本法は次の皈神法の基本となるものである。

歸神法の修法

世間一般に鎭魂皈神法と云つて、鎭魂法と皈神法とを混同してゐるが、右両者は全然其の根據を異にしてゐる。鎭魂法は前述の如く自己の遊離せる魂を身体に集鎭して、ことある時の用意に備ふる者であるが、歸神法は是と全然意味を異にしてゐるのである。即ち一切自己の精神意識を去つて後、初めて神靈の憑依を得て歸神の妙境に入るのであるから、皈神法を修行せんとする者は、先づ鎭魂法を修得してからでなくてはならぬ。

歸神とはこれをカミガ・リと訓し、神憑又は神懸とも書く、然して此の法は神感、他感、自感の三法があるが、其の詳細は稿を改めて記すことにする。それで此の實修方法は、鎭魂法修得者には最早何等特種な敎授方法はないが、兎に角自己の精神を空虚にして、他の神靈の降下を乞ふのである。是は次に述べる降神法及巫子養成法と同性質のものであるから其の項に就いて述べることゝする。

巫子養成法

巫子は神意を吾人に媒介する婦女の事である。これは吾國古來よりの神法の一つであるが、西洋の謂所ミーヂャムのことである。我が神道の巫子養成法を記して諸君の參考に供する考へである。其の修法は、天癸未だ通せざる少女を擇び三七日の斷食と水行を爲さしめてその心身を清浄にし、然る後神前の中央に端坐せしめて雙手に幣を持たせ、數人の行者が之を取卷いて祝詞經文を高唱するのである。これは要するに巫子の精神統一を圖る一手段で、此の回數を重ねるに從つて、巫子は無我無心の狀態に爲つて旺んに幣を振立てるのである。此の時は完全に統一が出來て神靈が憑依したのであるから、行者の中で審神者を極めて問を發するのである、初めは憑依した靈の名前を正し、後には過古現在未來に亙る事象を問ふと、之に對して一々正確な答をする樣になるのである。斯る修養を度々重ねるに從つて何時にても統一の狀態になつて、總べての豫言を爲す樣になるのである。之を靈的に實修するには靈動作用の旺盛に發動する少女を擇び、靈動法に依つて之を自然境に導き、更に之が靈和境に入つた時審神して種々の問を發すれば右と同樣の結果を得るものである。

降神術の修法

降神術は巫子と殆ど同樣なものである。即ち斷食を爲し、火氣を遠け、水行を行して心身を清めて、然る後に實修に入るのである。

降神術の修行には是非先達なる者が必要である。之は審神者の役を努めたり、降神者を導いたりする者である。其方法は降神者は幣を雙手に持つて神前に坐すのである。先達は其の前三四尺の所に對坐して、印契を結び、靈氣を送るが如き作法を爲し、且つ絕えず經文祝詞を高唱してゐるのである。暫時にして修行者の捧げた幣が前後左右上下に振動すのである。其の振動が靜止するに從つて、審神し然る後に種々な問を發すれば、憑靈はこれに一々答へるのである

交靈術の修法

交靈術（スピリチユアリズム）とは何ぞや

幽明の事に通ずると云ふ事は古來聖人の德成として稱道されてゐた。孔子でさへも「未だ生を知らず、焉んぞ死を知らん」と云はれたのである。併し現今の心靈學上より考察すれば必ずしもさうではない。

生と死とは表面と裏面との如く、生なくして死ある能はず、死無くして生ある能はずである畢竟、生と死とは二つにして而して一なる者である。即ち吾々はこの宇宙に於て、或は甲樣に生存し、或は乙樣に生存して、唯その生存繼續中の自覺の差異に依つて、或は死となり、或は生となるので、吾々は宇宙そのものよりは一刻も相分離するものではないのである。即幽界も顯界も此の宇宙の中に存在してゐるもので、宇宙の外に他界なるものは決してないのである。以上述べた樣な見地から近世の交靈術は、人は或る一定の狀態に於ては自覺を異にせる生存者所謂死者と交通することの出來得るものだと云ふ事を說いてゐる。即ち人間には誰でも皆天然に或る靈力、即ち靈媒と成り得る力を備へてゐるから、此の能力を開發して行きさへすれば、多少に係らず、此種の交通は必ず遂げられるものであると云ふのである。故に交靈術とは、一言に云へば、死者と交通するの術、換言すれば、神の力、或は人間の靈力が、此世界に於て或は死後の世界に於て、如何なる狀態に於て發現するかと云ふことを究むる實驗科學である。されはその研究する範圍は人間として生存してゐる間に於て發揮し得らるゝ一切の心靈現象、即ち讀心術、千里眼、透視、順風耳、神秘心力、及び肉体を離れた心靈の種々なる發現を包括してゐるのである。

此の學術を研究する方法は、矢張り普通科學に對すると同樣であつて、即ち公平なる實驗、周到緻密なる觀察、及び斯くして獲たる結果を分類し、総合して一般の現象を説明するに足る理論や法則を建設することにあるのである。

靈媒 (medium)

想ふに、幽界と顯界との交通は、大体に於ては、無線電信と同じ樣な狀態で讀心的に出來る者であるが、然しながら無線電信では發信機と受信機の設備が無くてはならないが、幽明の交通には靈媒(mebium)が其の間に、なくてはならないのである。靈媒とは從來幾多の疑問が懸つてゐるものであるが、類へば河海の行潦(ニハタヅミ)の如く、又我國の巫女(いちこ)の如き者で、兎に角一種の靈能を具へてゐる者の事である、さてこうした幽明間の媒介者即ち靈媒があると、幽界の棲住者即ちスピリットは踴躍して其處に群がつて來て、その媒介を求めるのである。

馮依者（コントロール）(Control)

さて靈媒の傍へ群つて來たスピリット達は或る機會（交靈會の如き）を得てこの靈媒に憑乗る（のりうつる）のである。斯る場合にその馮依者をコントロールと云ふのである。例へば我國に置いて從來天狗の憑依、稲荷或は狐の憑依、淨行菩薩の御告、大神宮樣の利益と云ふ類が是と同樣なものである。何物かが祈禱者に乘憑つて托宣したり豫言したりするのである。

さて此のコントロールと云ふ者は、固より既に死した人の靈であつて、何等かの理由で此の重任を擔當し、靈界（或は幽界）の事を全知して如何なる問題をも滔々と縱横無碍に應答するのである。

交靈術の發達

近代の交靈術は人間から始めたもので無く、心靈界から始められたものである。此術の始まる事は、己にもうエマヌエル・スウエーデンボルグや、アンドリユー・ジヤクソン・デヴ井ス等に依つて豫言せられてゐた。彼等は屢々其亡友達と談話を交へてゐる間に、其の心靈達から間もなく人間界と靈界との障壁が撤去されて、兩界の交通が始まるだらうと云ふことを告げられたことがあつた。

此の現象は一八四八年に及んで始めて亞米利加のハイドヴ井ルで起り、夫より相次いで米國の他の地方、及び英國其他の諸國に始まつたのである。

スウエーデンボルグの屢々經驗した靈學や、ジヨン・ウエスレイがエツプウオースの自宅に起つた不思議なる現象等は、實に交靈術の起つて來る先驅であつた。ウエスレイ家で聞えたと云ふ「打叩（ラツプ）」は幽界の心靈達が、人間界に交通を求めんとする合圖であつたのである。然れども當時は誰あつて之に氣付くものは無かつたが、一八四八年ハイドヴ井ルのフオツクス家で、其家の少女が始めて之を了解し、幽界の通信手（コントロール）との交通が此處に始まつた。綴字や、種々の符號が爰に於て案出され、他界のスピツト達は「打叩（ラツプ）」や卓を動かすことによつてこれに應答することに成り、世界の視聽を驚かしたのである。近代の交靈術はこれに依つて起つたのである。

以上の現象は或る特種なる一人物が、其度に出席してゐる場合に最も顯著に演ぜらるゝのであるから之を靈媒と名命したのである。サア・ウイリアム・クルックスの説明に依ると此の交通は靈媒の身体から無意識に放射さる一種の靈力を籍りて爲さるゝのであつて、心靈は此靈媒によつて始めて自分の存在を確實に示すことができるのであると云つてゐる。

これを手始めとして次には又種々の現象が顯はれて來た。スピリットは更に力強く靈媒に作用して他人に見えない自己の姿を靈媒に認めさせる樣に成つて來た。又更に研究が進んで、靈媒がスピリットの支配を受けて、自己の意識を喪失してトランス（無我）の狀態に這入る樣に成つた。

此時の靈媒の狀態は一種の興奮を覺え、呼吸は促迫し、全身は無感覺な硬直の狀態となり、遂には呼吸が靜まり深い昏睡狀態に陷るのである。其唇は自づから動き、其の顔面は變じて、丁度故人の面影を顯はしたもののやうに、全然平生と違つた狀態となり、平生とは違つた言語で話し出すのである。

それで其時の話は、彼が正氣の際には全く知らない事柄を語り、故人其儘の口吻を現はし而も後に至つてよく審べて見ると、其の語つた事は全然故人の事實と符合してゐるのである。

右の樣な順序で、交靈術は進歩したのであるが、現今行はれてゐる其の大略を擧げると左の二種に區別する事が出事る。即ち第一は有形的の現象、第二は無形的の心理現象である。

有形的の現象には、打叩、卓廻し、昇空、一の物体が他の物体の中を其まゝに貫通すること及び多少物質化したスピリットの姿を視覺に感ずること等である。以上の現象は孰れも從來科學者に認められなかつた一種の靈力が存在してゐて、これが作用をするものであると云ふことを明らかに示してゐる。

無形的即ち心理的の現象は、自動書記、順風耳、透視、神感、無我狀態、自動言語、讀心術及び其他の方法に由つて、現世と靈界との交通を爲すものである。

上述の如き事實は、單に其事自身が奇拔であるのみで無く、實に是に由つて人間の心靈は死後も尙ほ不滅であると云ふこと、及び人間の靈力は如斯驚くべき範圍迄到達するものだと云ふことを証明するものである。

交靈術研究の方法　（交靈會）

心靈現象の研究は、家族の間でも之を行ふ事が出來る。時とすると卓の周圍に集合した家族の中に、靈能の發達したものがあることがある。斯かる場合には唯の一回で所期の結果を収める事が無いでもないが、斯る事は先づ稀で、大概は數回行つて始めて交通の道が開けるのである。

先づ靈媒の昏睡狀態を誘發する爲めに、一定の約束がある。それが即ち歐米で旺んに行はれてゐる交靈會でその方式はこうである。一脚のテーブルを閑靜な室內に直して、會員が輪狀に坐すのである。人數は通例四人以上十二人迄でなくてはならぬ。而して此等の人々は全体として互に同情が通つてゐるか、又は一の調和が必要である。可成男女同數が善い、一度會合したならば必ず會合の時日を違へず、誰も必ず出席するのである。會合の度數は一週間一回が最も好く、二回以上は愼むが良い。會場は變更してはならぬ。それで卓を圍んで並ぶ人も毎度同一の席に就き、特に心靈の支配の無い限りは其の席次を換へてはならぬ。

一坐の中には靈媒と成る人を一人定めて置いて、此の人は手を組んでも組まなくても可いのである。始めには一同が皆手を組合せて（右の手を左の手の上に重ねる）ゐる方が可いが後には唯手掌を卓の上に掛けるだけで澤山である。それで此の室には此の會合に加はらない人は誰も居てはならぬ。それで一同は努めて心を落付けて平靜な氣分を持ち、身体は樂にしてゐるのが肝要である。室內は充分空氣の流通する様にして置くのである。

卓が動き出すか、又は「打音」（卓の脚が立つてコツ〳〵と床を叩くこと）が始まつたならば、誰か座長を一人極めて、此人が質問を發し、又は諸種の規定を定むる役に成るのである。其の法は或時は最初から談話したり、書記したりして交通する事があるが、これは至つて稀であるから、先づ「打叩（ラップ）」の數で一つは「否」とか、二つは「然り」とかと豫め約束して心靈との交通を始めるので、このラッピング（打叩で交通する法）で最初はやるのが一番近路で慣れるに從つて言語、書記等に依つて交通するやうにするのである。それで最初は簡單な質問から初めて次に複雜なものを出すのが良い。

之に就いて初心者は、何でも事々物々に心靈の伺ひを立てゝ業務のことや、金錢の事まで、一々これに相談するが、これは絶對に避けなければならぬ。此の目的の爲めに交靈會をするのは、心靈それ自身に對しても、人間の爲めにも決して何の益も無い。一身上の事で絶へず心靈の助言を求めることは、自身の決斷力を鈍らせ、その品性を破壞するものであるから、努めて之を避けることが肝要である。

以上の如く現今やつてゐる交靈術の方法は、まだ不完全であるけれども、死後の生存と云ふ確實な証據は既にこれを示し得たのである。若しこれをやらなかつたならば、未來の生存と云ふことは、丸で神秘の雲に蔽はれて、其眞相は少しも分らずにゐたに違ひ無い。

交靈術が眞實でないと云ふ人は、「心靈などは顯はれるものでない、交靈術で起る現象は心靈を引合に出さなくても十分說明のつくもので、心靈論者は皆欺かれてゐるのだ」と主張してゐる。併しこの交靈術を信じないとすれば釋迦や基督の敎は全部否定しなければならない。況んや彼等の擧ぐる義論は、皆跡から跡からと出て來る証據の爲めに打消されつゝあるのである。幾ら疑つて掛つても事實は之を抹殺することは出來ない。故にこれを疑ふ人々は先づ他人の說を傾聽し、且つ自らそれを研究して後に其の態度を決すべきである。

修靈道体驗之卷終

修靈道主教述

修靈道傳授教典

修靈道治療法之卷

修靈訓

靈是宇宙本源也　靈波絶對無限力
靈克顯於信之者　修靈則開眞理華
眞者道之根元也　須修養以窮道根

修霊道の三行

◎眞の行

眞理を究め、眞理に皈入せよ。

◎善の行

善意に解釋し、善を貫行せよ。

◎愛の行

私愛を超へて、凡てを愛せよ。

修靈道治療法之卷目次

以上

修靈道傳授教典　第三卷

修靈道治療法之卷

修靈道主　溝田文右衛門　教述

修靈道治療學總論

靈と心と身体

人間には靈と心と身体とがある。肉体は心に依つて支配され、心と肉体は靈に依つて支配融合されてゐる。靈は又宇宙の大神靈と交通し、其の支配を受けてゐるのである。

凡て人間の病氣は靈と心と身体との不調和から生ずる現象である。此の三者が互に融和し、順調に運營してゐる間は、絶對に病氣は起らないものである。そこで一旦此の三者の融和を欠き生活機能に不調和を生じて病氣となつた時には、此の三方面から考へて治療を施すやうにしなければならぬ。普通の醫者は身体のことばかり診察して治療を加へる者が多い。斯かる醫者は繪筆と繪具さへ良い物であれば、描寫の方法も知らず、何等熟錬がなくても、立派に繪書が出來ると考へてゐる畫家の樣なものである。これに反し精神療法家や、クリスチャンサンエンスの人達は、靈と心の事ばかり考へて治療を加へ、少しも肉体のことは考へない。かゝる人達は、例へば音樂の法則の研究や、練習はつんでゐても、樂器の狂つてゐることに氣付かぬ音樂家の如きである。幾ら音樂の大家でも毀れた樂器からは、妙き音を出すことは出來ないのである。

そこで吾が修靈道では病氣の源因を、靈と心と身体の三方面から觀察し、之れに對する治療も亦た三方面から行ふのである。

自然法則と病氣

宇宙には自然の法則がある。大は天体の運行より、小は路傍の一木一草の生育に至るまで、宇宙の森羅萬象は悉く此の法則に支配されてゐるのである。そして此の自然の法則を履行せんとする大自然の意志を宇宙の生命力と云ひ、神の創造力と云ひ、大神靈の意志と云ふのである。神道で云ふ造化の神も、基督の獨一眞神も、孔子の天道と云ふも、波羅門の梵天と云ふのも、實に此の自然法則を履行せんとする大自然の活力の別名に外ならないのである。宇宙に自然の法則がある如く、吾々人間にも自然の法則に調和する生命の法則がある。そして此の法則を履行せんとする力が即ち人間の靈性である。肉体は心に支配され、心と肉体は靈性に依つて支配融合されてゐる。併かも其の靈性は、肉体と心とを統御しつゝ又一方に於ては、大自然の法則に調和融合しつゝあるのである。これが人間に於ける生命の法則であるが、宇宙の大自然にも地震があり洪水があり、大噴火があり、大暴風があつて、自然の法則に變調を生ずる事があるやうに、吾々人間の生活にも永い間には、不知不識の中に生命の法則に不調和を生じて遂に病氣現象が起るのである。そこで此の病氣を治療するにはどうしても此の不調和を矯正しなければならないのである。然るに多くの人々は一旦病氣になると唯單に肉体の事のみを考へ、甚だしいものになると肉体を尊びすぎて、其の奴隷となつてゐることさへある。身体は人間の一部分で而も最底の部分であるにも拘かはらず、多くの人々は肉体の感覺や要求に心も靈も從屬せしめやうとしてゐる。上官が下卒の勢に恐れ、上官の威令が行はれない時には、どうしても軍隊の秩序と規律的活動が得られないやうに、人間に於ても低き者が高きものを支配せんとする時には、その平和なる運營は行はれないのである。即ち肉体の衰弱苦痛などが、心に恐怖と驚駭とを與ふれば、理解力は曇り、意志は委縮して其の克己心は失はれて了ふのであるが、之に反して靈が心を支配し、心が肉体を支配する順序にあれば心の希望、信仰、幸福、愛、愉快等の狀態が直ちに肉体の健康の震動となるのである。

スウエーデンボルグの語に「温き人とは結局多く神の熱に温められてゐる人である。心に愛と希望と信仰のある人は、宇宙の活力を受け入れるべく、より廣く心の窓を開いてゐる人である」と云ふことがあるが、之れは要するに吾々の生活が自然の法則に調和してゐれば、神は必ず之を慈しみ愛して幸福を授けて吳れると云ふことである。尙換言すれば、吾人の肉体と心と靈とが、自然の法則と調和して行けば、吾々は健康であり、幸福であつて、必ず完全な境地に眞生活を營むことが出來ると云ふのである。

治療の法則

近世醫學の進步は實に驚くべきものがある。ヂエンナーの種痘發見は彼の恐るべき疱瘡の害を免れ、ジフテリアの血精注射は危險な疾病を即癒せしめることが出來る。昔は死を待つより他に仕方がなかつた病氣も、今日の外科的手術で助かるやうになつた。これは慥かに近世醫學の誇りである。けれども尚一歩進んで近世醫學がどれだけ病氣治療の適確なる實蹟を擧げてゐるかと云ふ段になると甚だ心許ない感がある。如何に科學が進歩しても、如何に醫術が發達しても、現在人間の身體は日々に弱つて行き、病人は年々に増加してゐるのである。これは又どう云ふ譯であるかと云ふに、現代科學が余りに物質的に傾きすぎてゐる爲めに、從つて世人が物質の力ばかり恃むで少しも自然の法則を顧みない爲めである。

小さな人間の知慧で工夫をして、病氣の回復を計る者が多くて、自分の生活を自然の法則に準據させると共に、病氣のことは一切天に委せて、心配せず、あなた任せで病氣の回復を待つと云ふ樣な眞の病氣回復法が閑却されてゐる爲めである。

誰しも病氣に罹つたならば、早く善く成りたいことは人情であるが、此の心が即ち弱点である。そこで病人は他人から見ると可笑しい程迷ふのである。温泉が良い、何々の薬品が良いとて之れに依賴して病氣を癒さうとするもの、高地が良い、海濱が良いのと云つて轉地して病氣を治さんとするもの、鍼がよい、灸が良い、電氣が良いと云つて、これに依つて病氣を治さんとするもの等、其の種類は雜多であるが、之が抑々大なる誤りである。

由來人間は母の胎内にゐる時より、病氣に抵抗し又それを治癒する自然の良能をもつてゐるこれを西人は（Vis medicatrix nuturse）と云つてゐるが、吾々はこれを自然治療力と云つて置くことにする即ち現代人はこの偉大なる本具の力を養ふ道を少しも考へず、徒らに外物の力のみをたよつて、身体を弱らしてゐるのである。

人間に賦與された自然の治癒力を適度に涵養することは治療の根本原則である。この力を除外して他に何等治療の方法はないのである。醫聖ヒポクラテスは二千年の昔に於いて「私に病熱を與へよ、さらば余は凡ての病氣を治療することが出來る」と云つてゐるが、これは凡て病氣の副因として發する炎症や病熱は、人體内の病的物質及病的素因を排除せんとする自然治癒力の努力の顯れであると云ふことに外ならぬ。然るに現代の對症療法では兎角炎症や病熱を有害視して、醫藥其他の方法で止めんとする傾きがある。自然が人体より有毒物を排除せんとする努力から起る所の現象を無理に阻止せんとするは、自然治癒力を弱らすのみか、尚ほ其の上に藥の毒まで加へて、急性の病氣を變じて慢性の病氣とするやうなことになるのである。前述の如く現代の醫學療法は病氣に對する根本の考へが過つてゐるのである。

修靈道の治病觀

「病は氣から」と云ひ「心の誤想は凡ての病氣の源因である」と云ふのは精神療法家の持論であるが之は一應尤もなことである。心持の變化に從ひ私共の身体の組織及び分泌液に化學的變化を來すことは吾々の日常經驗する所である。即ち怒かれる人に嚙み付かれると、狂犬に嚙み付かれたと同じ樣な害を受けることがあつたり、母親が授乳中に不意に驚かされると乳と共に毒液を分泌して、赤ん坊を死に至らしむることがある。又恐怖心配等の精神狀態は血液の循環や神經の活動を妨げることがある。斯かる見地からすれば、彼等の見解は立派に肯定さるべき事實であるが、併し彼等の主張が萬全を盡してゐるとは云ひ得られない。悲觀、恐怖、心配等の觀念を患者の心から除去することに依つて治療することの出來得る病氣もあるが、之に依つても尚治癒することの出來ない疾病も少くない。是は何故であるかと云ふに、彼等は心の矯正のみに留意して、患者の生命法則の變調を考へず、病氣現象に伴ふ肉体の變則を省みず、徒らに患者に依頼心を起さしめて、患者の意志、自力、自助等の精神力を弱らする爲めである。故に眞の病氣治療は患者の靈と心と肉体との三方面から行はなくてはならない。そして患者の生命法則の變調を自然の法則に依つて矯正しなくてはならない。其の爲めには歪んだ身体を正すこと（矯体法）も必要である。心の迷ひを除去すること（心理療法）も必要である。食物の撰擇も（食治法）亦体熱の調節法（水治法）も必要である。又直接靈性に作用する靈波療法や靈壓療法の必要なことは言ふまでもないことである。或は神佛に祈願して自然の良能を活達にすることも、修靈法に依つて自ら自然法則に、皈入することも必要なことである。斯くの如く文明の進歩は、僧侶と醫者とが同一人に依つて爲さるゝ原始人の單調さへ吾々を導くのである。

要するに修靈道の治病觀は「靈と心と身体との不調和を自然法則に從つて矯正する」と云ふことに成るのである。（尚ほ病氣の主因と副因に關する詳細なる病理觀は余の別著「修靈哲學の研究」の編に就いて研究せられたし。

修靈道氣合術傳授

暗示及被暗示性

氣合術の豫備知識として必要な暗示に就いて少し話して置き度いと思ふ。從來暗示と云へば直ちに催眠術を聯想する傾きがあるが、これは極めて狹隘な考へ方であつて、吾々人間界の現象、又廣い言葉で云へば自然界、宇宙間の森羅萬象のすべてが、暗默の裡に何事かを暗示してゐるのである。それを人間が感受する觀念の差異に依つて、暗示の意味種類を異にするのである。由來暗示と云ふ言葉は、非常に不注意にして且つ不正確に使用されてゐる。

或時は一觀念が他の觀念をその連鎖として持つてくると云ふ意味に代用され、又これを聯想と同視してゐる場合もある。尙ほ暗示の領分を擴張して、人がその仲間に及ぼす一切の感化と同意義に用ひられてゐる、斯の如く暗示と云ふ題目は、漠然とした意味に用ひられてゐるが、吾々はこの題目を言葉の上から解放する爲めに、嚴密な定義を下す必要がある。

暗示の定義に就いては、今古東西の學者達に依つてなされた說が澤山あるか、今茲ではそれらの照介はやめて、自己の所信を述べて置くことにする。

「暗示とは對象の人又は事物が、人に對して意識的又は無意識的に與へる觀念である」

これは暗示の定義であるが、前にも述べた通り、暗示は必ずしも催眠狀態を必要とせず、覺醒時に於ても能くその作用が働くのである。例へば妙齡の婦人に向つて「貴女どうしました、大層お顏が赤いね」と云へば、必ずその顏が紅くなる。又は病氣を非常に心配してゐる人に向つて醫者が「大丈夫です、きつと治りますよ」と云へば必ずその人の氣分は前より晴れやかになり、「元氣な顏つきになるのであらう、この外之に類した例は澤山あるが、これは要するに人間にはどんな時でも、暗示に感應する性質を備へてゐると云ふことを裏書するものである。然り人間には此の暗示に、感應する性質があるのである。これを私は被暗示性と云つて置く。而して此の被暗示性は或る特種な場合に（例へば催眠狀態及び顯在意識の活動の少なき時）尤も強く働くのである。彼の醫師が立派な門戶を構へたり、博士と云ふ肩書を利用したりするのは無意識的に患者に慰安と信賴との暗示を與へ、病氣治療に對する患者の被暗示性を强くするのである。又は加持祈禱等を神佛の前で行ふのも、或る意味から云へば、信者の被暗示性を強くする一方便であると云ふことが出來る。彼の有名な大阪の有田ドラツクが、新聞一頁大の廣告へ全快者の寫眞を出したり、感謝狀を掲げたりするのも、彼の藥を服用せんとする病者に、其の藥の暗示的効果を大ならしむべく、被暗示性を強くする一手段と見ることが出來る。人間の觀念力が、人間の生理及び心理狀態に及ぼす影響は前卷の觀念法の編で述べた通りであるが、暗示が與へられたる觀念である以上は、これが一つの力と成つて、人の精神や肉体に變動を生ぜしめることは、當然あるべきことである而してこれを巧に利用すれば、人の病氣を治療したり惡癖を矯正したりすることも出來るのである。

氣合術の原理

氣合術とはどんなものかと云ふことに就いては、昔から種々の說がある。昔時武道の極意として、柳生宗矩や、塚原卜傳や宮本武藏等の用いた氣合術は「敵の氣を呑み、術を以て虛を突く」と云ふのが秘傳だきうである。近時江間俊一氏の唱道する氣合術の原理は「對手人の靈魂の一部、若しくは全部を奪却し、或は自由を失はしめ、或は精神を喪失せしめ、或は幻覺錯覺を起さしめ、或は迷想を奪ひ、疾病を除却する」のだと云つてゐる。尙簡單なものになると「言語態度で相手の氣を呑む」とか、或は、「人心操縱法」と云つてゐるものもある。然らば修靈道の氣合術は如何かと云ふに、言語態度又は物質乃至仮想的方法に依つて、相手の被暗示性を旺盛ならしめ、暗示を以て相手の觀念力を支配する法　これが即ち修靈道の氣合術である而して此の氣台を、病氣治療に用ふる事を氣合療法と云ふのである。

氣合療法には、言語氣合と形式氣合との二種がある。此の言語氣合の中にも斷言法と豫後法と命示法の三つがある。例へば玆に神經痛で其の疼痛に惱んでゐる患者がある、それに向つて「君の痛みは完全にとれた、もうすつかり治つた」と云ふ樣に斷言的な觀念を與へるのは、斷言法で、「君の病氣は二三日の中に治るであらう、治らなくてはならぬ筈である」と云ふ樣に豫告的な觀念を與へるのが、豫後法である。又「君は痛くはないのだ、痛いと想ふのは心の迷ひだ　そんなことではいけない、もう治つてゐるのだ」と云ふ樣に命令的に治病觀念を與へるのが命示法である。

次に形式氣合と云ふのは、術者の態度又は場所及び物質其の他の形式を以て、患者に治病的觀念を與へる方法である、一体病人に信仰心を抱かせることは氣合の秘訣であつて、若し信仰心の萠芽して居らぬ場合は、患者の被暗示性が强くないのみか、却つて反抗心を惹起することがあつて、氣合の効果を失ふのである。故に氣合を行ふ場合に術者の服裝、施術の場所、術者の動作は充分患者に、信頼と慰安とを與へる樣にしなくてはならぬ。加持祈禱等を行ふ行者が法衣を着、神佛を奉祀してこれを行ふのも、形式氣合の一方便に他ならぬのである。此の他病者の患部を撫せたり、患部へ水を塗つたりすることも形式氣合の一つとして、價値ある方法である。現在世上に行はれてゐる治療法で、此の氣合の原理を應用してゐないものは一つとしてないのである。前にも述べた通り醫師が立派な門戸を構へたり、立派な服裝をしたりするが如き、又實際治療に當つて、ヒステリー性の患者が胃痙攣を起したとき、モルヒネの交りに蒸溜水を注射して「もう注射したからすぐ治りますよ」と云つて、奏効せしむる如きは、慥かに氣合の應用である。彼の近時流行する紅療法の如きも形式氣合の一方便である。故に本道の病氣

治療法には、此の氣合の原理を機に臨み變に應じて應用し、治療の萬全を期さなくてはならぬ

氣合術の極意

さて氣合術の原理が分かつた上は、順序として氣合術習得の方法を述べる事としやう。氣合術を行はんとするには、先づ第一に下腹（氣海又は丹田と云ふ所）へ力を凝めることが必要である。下腹に力のない人は其の態度がいかにも弱々しいのみか、其の聲には力がない。從つてそんな人の口から出たこゑで、言語氣合を行つたところで一向効果はないのである。故に氣合術修得の必須要件として、下腹の力を增すことが必要である。之を修養するには幸に私の主唱する修靈法の豫備法の中に下腹部充力法と云ふのがあるから、これに依つて修養すれば、充分である。次に必要なことは心身を調和させて、自分の目的とする事項に對して全力を傾注するのである。例へば病氣治療の塲合には、身にも心にも相手の病氣を治してやると云ふ誠意が、充ち滿ちてゐて、此の塲合他の雜念や妄想があるやうでは不可けないのである。「相は心を追ふて變ず」とは觀相學の極意にもある通り、心に誠意のないものは、其の態度にも顏にもやはりそれが現はれるものであるから、心身を一如にして、氣合の目的に一念を凝らすのである。然らば其の觀念は一種靈妙な力となつて相手の觀念又は物質へ作用して、未だ人智で解決することの出來ない現象を來すのである。心身を調和統一し、一念を凝らす修養は、修靈法中の心身調和法と心身統一法と、前卷の觀念法と凝念法を自習すれば充分に其の目的が達せられることと々思ふから、此處には其の修法を省いて置くことにする。

氣合術の方法

氣合術を行ふ場合の服裝及び態度は、對手の信頼を强くする樣に爲し、施術する場所も充分對手の心を引き付ける樣に、莊嚴な工夫を凝らす必要がある。それは對手の被暗示性を强烈にする手段で、殊に初心者に執つては氣合成功の秘訣である。而して此の準備が出來たならば、徐ろに調息の呼吸を爲し、下腹に全精力を集注して、心身の調和を圖るのである。そして相手に對して發する言語は、凡て腹の底から迸り出るものでなくてはならぬ。對手に向ひ合つた時の言葉は、一言一句悉く言語氣合であることを忘れてはならない。尙此の氣合術を行ふには實驗的方面と療法的方面との二種がある。

實驗的方面

氣合術に依つて他人の心身を左右したり、其他動物及物質等に氣合の感應を試したりすることがある。氣合を度々掛けて被暗示性の强くなつた人、又は子供の如き暗示感受の甚だしい者に對しては、隨分不思議な實驗が出來る。施術者の兩掌を固く押し合せて、「私が氣合をかけると、君の手はくつ着いて離れないぞ」と云つて置いて「エイッ」と一喝すると、手は離れない。又被術者を步行せしめて置いて、「そら足止めをするぞ」と云つて「エイッ」と一喝すると、足は止つて棒の樣になり、絕對に動けないのである。此れは非常に不思議の樣であるが實際子供などに實驗すれば容易に出來るから、諸君は疑はずにやつて見るが良い。是が少し熟達して來ると、被術者に棒などを持たせて置いて、「エイッ」と一喝氣合を入るれば、美事にそれを落すことが出來る。亦一聲の氣合で重いものを輕く感じさせたり、輕いものを重く感じさせたり、水を呑ませて酒に醉つた樣な氣分にすることが出來る。此他に此種の實驗は數限りなくあるが、それは諸君の考案に委せて置く。又此の氣合が妙境に入ると、「エイッ」と云ふ一聲で梁を渡る鼠を落したり、蛙の目を廻はしたり、ローソクの火を消したりする事が出來るやうになる。

療法的方面

氣合を療法的方面に應用するには、左の方式がある。病人の病的精神活動中に、其の精神を他に轉じて、俄然「エイッ」と大喝して病的觀念を除去する、轉氣法。病人が「私の病氣は重いから決して治らない」と強く思ひ詰めてゐる時「そんな輕い病氣が治らないことがあるものか、私の氣合できつと治して見せる」と云つて、此方の勢で先方の觀念を挫く挫折法、病人の病的觀念に對して反對せず、病人の氣のつかぬ樣に病的觀念を除去する誘念法。病人の長所を賞讃して、快感を與へ置き、遂に目的の治療暗示を感應せしむる利用法。又病人の思ふまゝに放任して置いて、自然に暗示を感應せしめる放任法。等の五種がある。氣合術で病氣を治療する場合には、以上の各法式を患者の性質と病氣の種類とに依つて、運用しなくては、好成績を擧げることが出來ないのである。

修靈道氣合療法の奧傳

氣合療法を行ふに前述の各法を適宜に應用すれば良いのであるが、今一つ必要なことは確固たる不動心と石火の如き捆機の法を會得することである。不動心とは治療に當りて狼狽せず、泰然自若として沈着に搆へる事である。石火の捆機とは病人の精神狀態の虛實を洞察し、其の虛を見出すや否や、石火の如く迅速に治療暗示を病者の被暗示性へ感應せしめることである。此の場合の虛とは病人の被暗示性の最も發達してゐる時のことである。扨て氣合療法を行ふには、先づ術者の腹力を充實し、自己の身心を統一せしめ、勃々たる勇氣を全身に充滿して。病者を自己の前方三四尺の所に坐さしめ、或は椅子に寄らしめ、又は平臥せしめて、充分安樂な位置を保たせて全身の筋肉を弛めさせ、閉目を命じ、少しく深き呼吸をさせるのである。此の時術者は壯重な態度を以て、修靈經を一回通り誦讀して（これは病者の被暗示性を强くする一方便である）徐ろに口を開き「今から氣合の奥義を以て、貴方の病氣を治してあげるから、其の間あなたは心の中で修靈淨眞と何遍も〲唱へていなさい」と云つて置いて、自己も口の中で「修靈淨眞」と唱へつゝ病者の精神の虛を伺ひ、下腹より迸出する莊嚴なる聲にて「エイ」と一聲又一聲續いて何回も大唱するのである。

此の際患部を押壓したり、撫擦したりすることは、暗示の効果を一層大ならしむることになるのである。例へば神經痛で惱んでゐる人には「あなたの兩腕は血液の循環が惡い、熱もあるやうだ、それで痛むのだ。よし私が血行をよくして熱を驅逐してやる」と云ひつゝ局所を撫で又は押し壓さへして、「エイ〲〲」と氣合を掛けるのである。さうして暫くたつてから「さあ熱も取れた、血液の循環も良くなつた」「エイ〲〲」もう痛みも去つた。貴方の病氣は根切になつた」これで輕い病氣は必ず治るのである。事が餘りに簡單であるから疑ふ諸君があるかも知れないがさう云ふ人は實際にやつて見るとよく分るのである。併し重い慢性病になると、さう簡單に治るものではないから、治療の暗示も直ちに斷言法を用ひずに、最初は豫後法を採り、回を重ねるに從つて斷言法若しくは命示法を應用するのである。

阿吽の法則　尙ほ氣合療法を行ふに就いて申添へて置きさ度いことは、阿吽の法則である。即ち阿とは息を吐き出す姿、吽とは息を吸ひ込む姿である。息を吐き出す時には筋肉が弛むし又息を吸ひ込むで下腹を充實する時は筋骨が締るのである。即ち阿の時は力が無く、吽の時は力が入るのである。故に氣合術では病氣治療にせよ、武術にせよ、此の阿吽の虛實を巧みに利用することが肝要である。それで氣合療法を行ふに當つては、必ず先方の病者が息を吐き出して力の拔けて居る時に、又術者の方では必ず下腹部に吸氣が充滿して心身の勢力が旺盛な時行はなくてはならぬのである。

これで氣合術の項は終る事にするが、要するに氣合術は、醫療にせよ、藥療にせよ、又は靈的治療にせよ、凡ての療法の骨子となるものであるから、これを單獨に行ふのみでなく修靈道治療の際は、出來得る限り此の法を活用して、治病の効を大ならしめなくてはならぬのである。

修靈道靈波療法傳授

靈波の作用

修靈訓に「靈波絕對無限力」とあるが、靈波は人間生命の原動力たる、靈性の律動的波動である。宇宙間の凡ての生物は、その活力を同じ力の根源たる大神靈より受けてゐるのである。而してその力の顯れが、或は物質となり、或は精神となつて、宇宙間の凡ての物の現象を釀し出すのである。殊に人間に於ては、其の力が靈性となり、其の靈性の動きが或は肉体を構成し或は精神機能を主るのである。故に宇宙間の一切の現象事物は悉く此の靈の無限的活動に外ならぬので、從つて人間生命も此の無限の力即ち靈波の諧調的活動に依つて保持せらるゝのである。例へば時計の針が、地球の地軸が回轉するのと一致して居れば、正確であり、自然であるが、この諧調が不一致であれば、不正であり不自然である樣に、人間に置ける靈波が、諧調の活動を爲し、自然であれば吾々の生命には何等別條はないが、若しこれが不諧調であり、不自然であれば、吾々の生命の機能に變調を來たして健康を害し、病的現象を惹起するのである。人間が健全であり、無病であるにはどうしても、靈波の諧調的活動を必要とするものであると共に、若し不健全であり、病的である時には必ず靈波の諧調的活動を促進して、健全体に復さなくてはならぬのである。吾人の主張する靈波療法の根本源理は即ち茲に存するのである。

然らば靈波とは如何なるものであるかと云ふに、これは本來物質でもなければ、精神でもなく勿論有形的の形体を有するものではないから、肉眼を以つて認むる事も不可能だし、又精神的に識得すると云ふ事も出來ないのである。此れ靈波が肉体の作用にあらず、精神の作用にあらず、眞に靈の發動であると云ふ所以である。故に此の靈波を感識するには、どうしても靈的修養に依つて、靈波の作用を現實に發動顯現して後始めて、靈波の實質を確知する事が出來得るのである。

前述の如く靈波の作用は物質的活動でもなく、精神的活動でもなく、眞に肉体と精神とを超越して發現し、識得すべきものであるから、之を覺得するには特に信念信仰を要するか、又は難行苦行を爲なければならぬかと思ふ諸君もあるかも知れないが、其の心配は無用である。吾々人間に生命のある限りは靈波も無限に作用するもので、老若男女智愚賢鈍を問はず、其の發現は誰人にも通有するものである。併し乍ら其人の環境又は性質に依つて素より其の作用の實現程度に多少深淺厚薄の差ある事は免れないことである。

靈波の作用が物質及精神を超越した作用であることは、當然のことであるが、併し其の作用の發動に至つては、靈性の配下にある肉体と精神との兩者と全然關係なしではなく、寧ろ是等の根源であるのである。故に此の靈波の作用がある場合には、純生理作用であるかの如く又或る場合には純心理作用であるかの如く誤解され易いこともあるが、それは唯此れを感知する人の靈覺的素養の底い所から來るので、相當に靈能の發達してゐる人には是等の區別は判然とするものである。

靈波の發顯

私は前に靈波は人間に於ける靈性の律動的波動であると云つたが、要するにこれは、靈波の本質を指したことではなく、靈波の活動狀態を客觀的に説明したものである。靈波の本質は絶對的のもので、之を相對的言説で云ひ現すことは不可能である。即ち靈波が物質及び精神に作用する時は、それ等の事物へ一種の震動を起すのである。而して是を靈波の顯現と云ふのであつて、若し人間から發した靈波が、空間に放出される時には一種の光を發するもので、これを名けて靈光と云ふのである。故に靈波の顯現は、或る場合には震動として顯れ、或る場合には靈光として現れるものであるが、これが何れにもせよ其の發動の實質に於いては、何等の差異があるのではないのである。

靈波と心理作用

靈波の作用は生理心理の諸作用を超越したものであると云ふことは、前にも述べて置いた通りであるが、尙靈波は心体兩性を支配融合する靈性の作用である爲めに、是等心理生理の兩作用の根源であるのである。故に靈波は絶對に心理的活動に支配されるものでなく、如何に吾々の意志の力に依つて此の作用を制御しやうと思つても、それは到底出來得るものではない。靈波療法がこれを疑ふものにも、之に反抗心を抱いてゐるものにも、容赦なく的確な効果を現はしてゐるのはこの爲めである。靈波の作用は心理作用を超越して、之れを統御してゐるのであるから、之を巧みに應用することに依つて、心理作用の變調を整へ、精神的疾患を容易に治療することが出來得ることは當然のことである。

靈波と生理作用

靈波は心理的作用でないと共に、又生理的作用でもない、元來生理作用は吾人の生命を保持する爲めに、肉体の發育及び運營を爲す現象であるが、靈波は此の生理作用を營ましむる根本作用である。現代の醫學に於て、疾病に對する治療法を見るに、凡てが對症療法であつて、それは皆疾患に對する根本的の療法ではない。例へば熱病に對して解熱劑を與へるが如き、外傷に對して洗滌するが如き其の施藥施術は直接疾患の治療に備へるのでなく、唯熱病の時は解熱劑で体温の調節を圖り危險狀態に至らないやうに豫防し、外傷の時は消毒藥で洗滌して諸種のバクテリヤの浸入を防ぐのみであつて、其れ以外は唯自然に治癒するのを待つばかりである。

若し人間に自然の治癒力がなかつたならば、如何に名醫でも、名藥でも、決して病氣は治るものではないのである。畢竟するに醫者は吾人に固有なる自然の治癒力を基礎として、此れに補助的療法を施すのみであつて、疾病の治療は吾人の自然に有する生理的作用の結果である。而して生理作用は吾人の靈性の支配を受けて運營されるものであるから、此の自然治癒力も結局は靈波の作用の現れに他ならぬものである。

靈波療法の意義

既に靈波の作用が総べての生物の通有するもので、殊に人類生命の上に行はるゝ自然治癒力の如きも全く靈波の作用であると云ふことが分れば、此の靈波の作用を特に發動せしめて、治病上に應用すれば、偉大なる効果を納め得ることは當然あるべきことである。即ち術者の靈波作用を特に發動して、病者に傳達するときは、衰弱又は變調を來たしてゐる被術者の靈波作用を旺盛ならしめ、從つて患者の自然治癒力を著しく活潑ならしめて、病者自身の治癒力のみにては容易に恢復し難い疾病も、たやすく征服して健康を回復することが出來得るのである。以上の如く靈波作用の傳達に依つて自然の治癒力を旺盛ならしむることが出來れば、不治の症狀も之を全治せしめ、終滅すべき生命体の衰退も容易に復活せしめるのである。即ち靈波療法は生理心理を超越したる靈波の作用に依つて、心理生理を支配し、患者の自然治癒力を旺盛ならしめて、精神的疾患や肉体的疾患を治癒せしめる方法である。

然るに現代の醫學は自然の根本的作用を無視して、徒らに間接的の對症療法にのみ走つて、毫も治療の本質に觸れてゐないのである。自然治癒力の如きも生理學上斯の如き作用が在ると云ふ事は認めてゐるが、其の作用が果して何に依つて發現するかと云ふ根源に至つては何等の研究も試みられてゐないのである。之に反して靈波療法では直ちに治療の根本源質を目當として治療を試みるのであつて、施術して置いて自然の治癒を期待してゐる樣な塲塞ぎな療法ではないのである。

要するに唯物文明の結晶たる現代の醫術は吾人の肉体的生理作用のみに立脚して樹立されたもので、人間の生命現象の本質を沒却されてゐる樣である。例へば茲に胃痙攣の患者があるとする、醫者は必ず此の塲合に鎭痙劑を服用せしめるか、甚だしいのになるとモルヒネを注射するに極まつてゐる。然らば服用された藥劑は必ず胃腸を刺戟して鎭痙作用を營み、又注射されたモルヒネは神經系統を刺戟して胃の運動神經を鎭制するのである。故に其の目的である胃痙攣は治癒することが出來るのであるが、此れが爲めに刺戟せられた胃腸や神經系統の被むる損傷は大なるものである。殊にモルヒネの中毒を起すに至れば、思ひ半ばに過ぎるものがある。由來藥物の人体に及ぼす影響は疾病その物に對しては多少の効はあるも、全身の健康上に及ぼす被害は決して少くないのである。此の塲合靈波の作用を應用して、吾人に固有の自然治癒力を旺盛ならしむれば、至極安全に併も身体に何等の危害も副作用も與へずして治療の目的を達することが出來るのである。されば吾人々類が此の靈波作用を會得して應用すれば、自己の健康狀態を保ち、疾病を治し、他の不健康体を救濟して、疾病の安全無碍なる治療が、出來るのである。

靈波作用發動の秘訣

靈波療法を行はんとするには第一に靈波作用を發動することが出來なくてはならぬ。元來術と云ひ法と云ふものは、幾多の難行苦行を要し、多年の修養を必要とするのが常であるが、此の靈波作用の發動は、その事の偉大なるに比して修得は割合に容易である。それは靈波が萬有生命の根本的活力であつて、此の世に生としいけるもの〻凡てが通有する作用であるからである。殊に高等生命体を有する人類には此の靈波作用の發動顯現と應用とが自由自在に行はる〻のである。既に靈波の作用が絶對の事實であり、如何に之が顯現應用も簡易であると云つても唯だ漫然として何等の方法も講ぜず自發的の發動を俟つた所で、到底發動を見ることは不可能である。そこで之を体得せんとするには、之が發動を容易ならしむる方式と修法が必要である今から之を修得する方法を述べて諸君の修養に便ずることゝする。

靈波作用發動の準備

心身の準備　元來靈波發動作用は靈性の自然調和作用に屬するものであるから、之を發動せんとするには、先づ座式に依つて修靈法を行ひ、心身共に自然境へ至つた時之が發動法を試みるのである。即ち心は生れたばかりの赤ちやんの樣に、凡てを自然に委せて考へず、たとへ雜念が生じて來ても生ずるま〻に、妄想が起きてきても起きるま〻にして、強いて之を止め樣と努めたりすることは尤も禁物で、自己精神の發動は全然自然に任せてしまふやうにするのである。之と同時に肉体は一定の形式に從つて正しき姿勢を執り、身体の何れの部分と雖ども不自然に力をこめることは絶對に禁物である。又凡ての修法で腹へ力を入れることを必要とするが此處ではそれさへいけないので、唯腹力も自然の充實位にして、強いて力を入れてはならないのである。唯發動の際指定された發動点へ集力することさへ出來ればそれで充分である。

場所及び時刻

靈波作用發動の修法には可成環境の靜かな所がよい。部屋なれば成るべく八疊か六疊位の間が適當である。又森林、原野、海邊等の自然に親しむも結構であるが、此の修法を爲す時に他人の立合や、見物は禁物である。之は法そのものゝ尊嚴を傷ふと同時に精神を騷乱するおそれがあるからである。

次にこれを修行する時刻である。此れは夜半午前零時より二時迄の間が理想であるが、これも初修者のことで、一度作用の發動したものは此の限りではない。併し環境の靜かな心身の落付いた時が良いのだから、夜家族の就床後、朝起床前に之を行ふも敢て差支はないのである。以上で此の修法の準備は出來たのであるが、さて此の實修にかゝるとなれば、誰しもあわてゝ先をあせるものであるが、仮にもそんな輕卒なことがあつてはならぬ。常に心身を落付けて清淨にし、修靈經を奉讀し、禱唱を奉唱して神嚴に實修を行はなくてはならぬのである。

靈波發動の極意

第一法　接掌發動法

以上の準備が出來たならば、修靈坐を組み修靈印を結び、修靈經を奉讀して次の法を修するのである。

姿勢

坐は修靈坐のまゝにて兩掌は指を伸ばして掌と掌とを合せ、左右の肘を張らない樣にして、接掌した手を膝の前へ自然に置くのである。これで姿勢は出來たのである。

呼吸

姿勢が執れたなれば、今度は呼吸である。靜かに鼻から吸ひ込んで下腹へ吸氣を充實し、暫らく息を止め（此の間は三十秒から熟達すれば一分間位が理想である）今度はそれをすつかり口から吐き出すのである。此の呼吸を何度も操返し乍ら次の發動点へ集力するのである。

發動点

靈波の發動源は人体の不隨意運動を主どる脳髓にあるから、後頭結節の下部である。前記の呼吸の場合息を止めた時に、左右の奥齒を喰ひしめて、此の後頭部へ力をこめるのである。それと同時に合掌した左右の中指の根本へ力をこめるのである。右は前の呼吸で息を止めた時にのみ行ふのである。此れを何回も重ねて實修すると、止息の時間も永く續くやうになり、發動源や發動点へ力をこめることがうまくなつて來るのである。

靈波發動

右の法に依つて發動源と發動点（左右中指の根本）との充力が平均する樣になると左か右の

手掌へ微動を感ずるのである。併し其の震動は靈動作用の如く表面的のものではなく、靈波の發動してゐる方の手は、表面より見た時は、何等の震動もなく、靈波が一方の手（發動してゐない手）へ傳つて始めて其の方の手が微動を感ずるのである。大概最初は靈波が一方の手へ發動するものであるから、若し両方一度に震動し出したら、それは靈動作用であつて靈波の作用ではないから克く間違へないやうにしなければならぬ。

第二法　接膝發動法

これは人に依つて違ふが前の法に依つて右なり、左なりの手掌（靈波が發動したなれば、その掌を發動した側の膝の上へ輕く置くのである。さうすると細かに、丁度電氣が傳つた樣な微動が膝の中の方へ傳はつて行くのである。此の際これが普通の震動であれば、表面丈け震動して膝の内部へは傳はらないのである。靈波の發動は右が克く發動する人と、左が克く發動する人とあるが、これは要するに其人に依つて得意の方を使用するが良い。尤もこれに熟練すれば両手に發動することも出來るのである。最初は靈波を發動するに氣息を止めたり發動源や發動点へ特別力をこめなければならないか、是も慣れるに從つて靜かに呼吸をしながら、左程發動点へ力を入れなくても出來る樣になるのである。

第三法　指頭發動法

最初は靈波を手掌全体へ發動するのであるが、熟達すればこれを指頭（拇指と藥指と小指とを握り、中指と示指とを二本揃へて伸ばしその指頭へ）へ全掌の靈波を集中して發動するのである。此れは靈波の發動を旺盛にして、治療には尤も應用される方法である。

第四法　器物傳動法

靈波の發動が旺盛になれば是れを物質へ傳動することが出來る。即ち机や本箱や火鉢等何んでもよい。任意な器物を擇んでそれへ輕く手掌なり指頭なりを當てゝ發動するのである。すると靈波は人体と同じ樣に傳動して、其の器物へ他の人が手を觸れると、やはりその人の身体へも靈波が傳つて行くのである。此の際本や盆の樣な器物を疊の上へ置いて、それへ輕く手を置いて（此の時手と器物との間は紙一重位すいてゐる位に）靈波を傳へると其の器物は自然に前方へ動き出すことがある。此れは面白い實驗だからやつて見るとよい。

第五法　連手傳動法

靈波の發動してゐる手を、他の人の手へ接續すると其の人の身体へ靈波が傳動するものである。其の人の片方の手へ又他の人が接續するとやはり其の人の身体へも傳動するものである。是は何人やつても同じ樣に傳動するものであるが、併しその人の靈波發動の强弱によつて五人迄傳はる人と、十人以上傳はる人と云ふ樣に、其の能力に差異があるものである。本道の記錄には道主の五十名傳動に、道主の弟の四十名傳動があるが、それ以上は人員の不足の爲めに、確かな實驗が行はれてないが、少くとも靈波作用で病氣を治さんとするには、十人位は傳動し得る能力が欲しいものである。

第六法　連線傳動法

術者が一人の人の手へ靈波を傳動すると、其人は又他の人と針金又は紐等で二間も三間も巨離を置いて連接するのである。さうすると靈波は術者から甲へ傳はり、甲より線を通じて乙へ傳るのである。又此の場合乙より丙の人へ線でもつて接續するときは、やはり靈波は丙へ傳はるのである。此の時接續する線は、兩者の間を強く張らなくて、緩るくたるんでゐても床へついてゐなければ、所期の目的を達せらるゝものである。

靈光線放射の極意

第一法　對掌放射法

靈波は人体又は他の物体へ接觸して傳へる時は、一種の律動的波動を感ずるものであるが、是を空間に放傳する時は靈光となつて傳はるものである。靈光の發射する樣を靈覺的視感にて觀察すると、幾條かの細い線狀を成してゐる。之を靈光線と云ふのである。此の靈光線を人体又は他の物体へ（發動せる手と相當の巨離を於いて）傳へることを靈光線の放射と云ふのである。故に吾人に發動せる靈波作用を直接に人体又は他の物体へ接觸して傳へることは靈波の傳動と云ふのであるが、同じ靈波を傳ふるにも、一度空間を通過したものは之を靈光と云ふのであるから、傳ふる人体又は他の物体と相當の空間的間隔を置く時は之を靈光線の放射と云ふのである。

靈光線放射の實修は對掌放射が一番簡單に行はれるのである。其の方法は修靈坐を組み兩掌を內側へ向き合せて、兩腕を前方へ伸ばし、片方の手掌へ靈波を發動させるのである。此の場合右でも左でも自己の得意の方へ發動するのである。右と左の手掌の巨離は最初は四五寸位にして實驗するのである。扨て靈波が一方の手へ發動すると其れは自然に靈光線となつて相對してゐる手掌の方へ放射されるものである。此の靈光線の發射狀態は普通の視覺では到底見ることは不可能であるが、少し靈的修養の出來てゐる人には容易に見ることが出來る。即ち太陽の光線の非常に强烈な眞晝間とか、凡ての光線が庶斷された眞の暗夜に此の方法を修すると、手掌より放射する靈光線が細い糸の樣に幾條も見ゆるのである。其れで此の靈光線が片方の手掌より片方の手掌へ完全に放射されゝば靈波感應と云つて、放射された手掌へ一種デリケイトな感じがして、之を永く繼續すると、放射された局部へ一寸温い感を生ずるものである。些うなれば靈波感應が完全に行はれたのであるから、今度は段々に掌と掌との間隔を離して行ふのである。

第二法　指頭放射法

前の對掌放射法が出來たなれば、今度は指頭へ放射することを實修するのである。其の形式は自己の得意な方の手の示指と拇指とをレ字形に伸ばし、其の他の中指と藥指と小指とを揃へて內方に曲げるのである。右の形式が執れたなれば、示指と拇指の指頭へ靈波を發動して之を放射するのである。これは治病の時よく應用する方法であるから覺えて置く必要がある。そして指頭へ放射された靈光線を自分の片方の腕なり、膝なりへ放射すると前と同じ樣に靈波感應を起すものである。此の場合衣類の上から放射するも同様な結果を來すものである。故に靈光線は人体に限らず、如何なる物体をも透射する作用を有することが分る。靈光線を放射して靈波感應を起す時は靈波の傳動と同様に、吾人の身体へ作用するもので、之を治病上に應用する時は、靈波傳動と同様適確な効果を收めることが出來得るのである。

第三法　他人放射法

手掌又は指頭へ放射された靈光線は、之を他人へ傳へることが出來る。これを他人放射法と云ふのである。此れは修靈道の治療法で尤も重きをなされてゐる方法で、即ち術者の片手又は兩手の手掌或は指頭へ放射された靈光線を、被術者の身体より五寸乃至は一尺位の間隔を置いて、被術者の身体中任意な部位へ放射するのである。さうすれば前と同様、何れの部分へも靈波感應を起すのである。同一部位へ長時間靈光線を放射すると、其の部の皮膚が潮紅することがある。

第四法　遠隔放射法

靈光線の近間隔の放射は前述の通りであるか、是を遠巨離の所（二里三里又は五十里百里の遠地）へも放射することが出來得るのである。其の方法は前述の方式とは一寸異つてゐるが、原理は同一である。即ち修靈坐を組み、修靈印を結び、靈波の發動源へ充力して全身へ靈波を發動せしめ、此の時全身に發射する靈光線を目的の地へ放射するので、是は中々困難な方法であるが、是に熟達しなければ後に說く遠隔治療法は出來ないのであるから、諸君は克く此の法を修得して置く必要がある。

附記　本編で靈光と云ひ靈波と云ふも何れも同性質のもので、之を傳達する狀態の客觀的差異に外ならぬ。從つて靈波の傳達を物質（個体及液体）に直接に行へば靈波は其のまゝ對象物に傳はるのであるが、若し是が一度空間を通過したときは、それが靈光となるのである。故に之を治療上に應用するには、何れにしても同樣に價値あるものであるが、其の應用法に至つては、其の病症に依つて利害得失のあることは免れぬ所である。以下は右に述べた靈波の作用を如何にして、治療に應用するか其の手技方法を說明するのである。

靈波療法の治療手技

靈波の作用を治療上に應用するには、一定の方式がある。之を治療の手技と云ふ。先づ患者を治療する順序としては、最初に之が如何なる病氣であつても、患部の治療を爲す前に患者の靈波發動源へ（後頭結節の部）靈波を傳動するなり、靈光線を放射するなりして然る後に患部へ治療を試みるのである。又患部の治療が終つたならば、最後にやはり前と同樣發動源へ傳動なり、放射なりを施して治療を終るのである。以上が大体治療の順序であるから之は良く心得てゐて欲しいものである。次に治療の手技であるがこれには、接掌法と接指法と掌射法と指射法の四種がある。以下順を追つて各手技の說明をすることにする。

第一手技　接掌法

接掌法とは靈波作用の發動せる手掌を患部又は目的の部位へ輕く接して靈波を傳動する方法

である。此の時注意することは手掌の全面を皮膚又は患部の衣類へ密接せしめることゝ、又其の接觸は極く輕く爲し、力を入れて押へたり、壓したりしないやうにするのである。本手技は患者の腹部とか胸部とか背腰の如き廣い部分へ治療を施すに最も適當な方法である。

第二手技　接指法

接指法とは小指、藥指、拇指の三指を握り、示指と中指とを揃へて伸はし、それへ靈波作用を發動せしめて、伸した二指の指腹の先端を患部又は目的の部位へ接觸して靈波を傳動する方法である。之れは顔面とか、頸部とか、脚部とか、上肢の如き平旦な部分の少ない所へ施すに最も都合の良い方法である。

それから一言注意して置き度い事は、前二手技に於いて、若し患部が一部分でなく、至極廣凡な塲合には、接掌なり接指なりの部位を移動することが必要であるが、此の塲合と雖も、患部を擦すつたり、撫でたりしてはならないのである。

第三手技　掌射法

掌射法とは手掌へ靈波を發動させ、患部又は目的の部位より五分乃至五寸位迄の間隔を置いて靈光線を放射する方法である。之は顔面其他直接に掌を觸れる事の出來ない時に、使用する方法である。

第四手技　指射法

指射法とは任意の指頭へ靈波を發動させ、患部又は其他の部位へ前と同樣の間隔を保つて、靈光線を放射する方法である。此時指形は、接指法の時と同樣な形を執る塲合と、又拇指と示指とをレ字形に伸ばして他の三指は握つて行ふ時と、二樣あるが之は要するに其都度都合のよい方を利用するが良いのである。

それから第三手技は比較的患部が廣凡な時行ふのであるが、第四手技は患部の狹隘な時行ふのが通例である。殊に一局部へ强烈に靈光線を放射する必要のある時は、必ず此の指射法を用ふべきである。

治療手技應用上の注意

以上述べた所で靈波療法の治療手技は殆んど解つた事と思ふが、之が應用法は實に多種多樣で之を一々記することは到底出來ないことでもあり、又其の必要もないのであるが、これは結局諸君の經驗に俟つより他はないのである。例へば子供なぞが腫物で痛んでゐる時に、それへ直接靈波を傳へ、接掌法や接指法を試みる時は必ず痛めて泣き出すにきまつてゐる。然るに之に指射法を試みる時は何等の苦痛も與へず所期の効果を得るものである。

是はヒステリー性の人が感覺過敏を來たしてゐる時なぞにも同樣だし、患者が直接局部へ手を觸れることを恥づる時なぞはやはり同樣な手技を執るべきである。次に患者が高熱であつたり、又直接患部を露出する事の出來ない箇處は衣類の上から治療手技を施しても差支はないが可成は患部を露出して行ふ方が其の效果が適確である。

治療手技を行ふ時の患者の姿勢は病症に依つて、仰臥するも、伏臥するも、坐すも、腰かけるも自由であるが、術者は可成り落付いた權威のある態度を保つべきである。

其れから治療手技を施す時間は、患者の体質、年齡、病症等に依つて異なるも、一局部三分乃至十五分位が適當で、あまり一箇處へ長時間治療を施すよりも、一回の施術時間は短縮して回數を增す方が効果がある樣である。

修靈道で主張する根本治療法は、此の靈波療法であるが、併し之を行ふにしても、唯單獨に之のみ行はず、氣合術や矯体法や靈壓療法や其他の方法を併用すれば、尙一層の結果を得るのであるから、諸君が實地治療に臨んだ時は、充分患者の病症を考察して之に適當な方法を擇んで應用すべきである。併し何れの患者にも總べて各法を混用することは、返つて繁雜になつて治療も充分に行き屆かず、所期の効果を得る事が出來ないから之が取捨撰擇には、充分に注意して、術者は臨機應變に之を使ひ分ける抱負と技倆とを養つて置かなくてはならないのである

修靈道遠隔療法傳授

靈光線放射

靈波を術者の全身に發動すれば、無限の靈光線が体外へ放射されるのであるが、之れを目的の場所へ放射することも出來る。如何なる遠隔の地でも靈光線は無限に放射されるものである是が靈波の絕對無限の力である所以である。そして其の放射の經路たるや全く空間も時間をも超越してゐる。修靈道の遠隔療法は實に靈光放射の直接治療の延長で之と實質に於いて何等差異はないのである。從つて其の療法も同法の應用に止まるので、此の法に熟達するには靈波の

發動を旺盛にすることが必須條件である。

凝念法

遠隔療法で今一つ必要なことがある。其れは治病の凝念法である。前述の靈光線の放射と共に、病者の觀念を對象として治病事項を凝念して、遠方の病者の精神へ移入して、治病觀念を感受せしめるのである。

換言するときは治病觀念を病者に向つて放送するのである。以上の靈光線放射と凝念法とが完全に出來れば、どんなに遠方の地の病者をも居ながらにして治療することが出來る。即ち其の方式は次の通りである。

遠隔療法の方式

遠隔療法には病者の寫眞又は筆蹟を用ふるのである。但し是は施術上の便宜で之が無くとも充分に之を行ふことは出來るのである。だから寫眞は發病後のものでなくても、どんなに舊くてもよいのである。又其の撮影も、一人寫しでも、多勢寫しでも兎に角病人が寫つてゐれば差支はないのである。

此の寫眞或は筆蹟と共に、患者の住所、氏名年齡、病名、病歷、容態等を記した依賴書を執り、其れから遠隔療法の期間を一期十日間位と定め、其の都度病狀の經過を報告せしめるのである。

さて施術法であるが、病者の寫眞又は筆蹟が準つたならば、それを神前又は清淨な台の上へ安置し、三尺位の巨離を置いて之に向つて修靈坐を組み、修靈印を結び修靈經を奉讀して、靈波發動の修法を爲し、靈光線の發射するを待つて治療事項を凝念するのである。そして其の修法は豫め時間を病者に通知して置いて、可成其の時間内は修靈坐を組むなり、心身を落付ける工夫なりをしてゐる樣に命ずるのが良いのである。一回の修法は十分乃至三十分間位が適當であると思ふ。余り永く繼續するのは宜しくないのである。

遠隔療法の施術方式は上述の通りであるが、之に熟達するには前に述べた基礎修養が尤も必要である。又施術の際患者の姿態が靈眼に寫つたり、其の患部が透視されたりすることもある

修靈道靈壓療法傳授

靈壓療法の意義

靈壓療法とは靈波の發動せる手掌又は手指にて、患者の患部又は目的の部位を壓迫して、其の刺戟作用と靈波の作用とを併用して治療の目的を達する方法である。故に見方に依つては此れを靈波療法の應用と見ることも出來るが、其の壓迫の刺戟を應用する所に之と趣きを異にする点がある。

由來刺戟を應用する療法には、鍼灸及び電氣療法等種々あるが、是等は單に刺戟作用を以つて生理機能の調節を圖るのみに止まつてゐるが、靈壓療法に於いては、壓迫刺戟に依つて生理作用の調節を圖ると同時に、超自然的の靈波の作用に依つて、疾病の根本的治療を爲すのである。

靈壓の生理的作用

靈波の作用に就いては前述の靈波療法の所で詳說してあるから玆では靈壓の刺戟が生理機能に及ぼす作用に就いて述べて置く。靈壓の刺戟には、興進、鎭靜、透導の三作用がある。即ち

一、興進作用

とは身体の諸機能の減衰及麻痺したるものに對して、之を興進させる法である。例へば知覺麻痺、運動麻痺等を正調し、又は神經機能の變調より起る月經閉止或は尿利便通等を促進させたり、其他內臟の諸機能及營養機能を喚起亢奮させる法である。

人身に於ける神經機能の衰弱麻痺は、適當な强い刺戟を與ふれば、其の機能が亢進して衰弱を常体に復活させる作用があるのである。故に神經の通ずる筋肉を壓迫刺戟する時は、此の作用を喚起することが出來るのである。

二、鎭靜作用

とは筋、神經、分泌機能等の興奮及び血管が擴張して血液の灌漑旺盛なるものに對して、鎭靜、緩解又は收縮させる作用である。例へば知覺官能の旺盛に因る疼痛（神經痛）又は機能が亢進せる痙攣等を緩除し、嘔吐下痢等を鎭制し、膨脹せる血管を收縮せしむる作用である。是は生理上神經は一定の度を超へた刺戟又は連續刺戟を與へる時は、疲勞して其興奮力及び傳搬機能を減衰し、且つ一時麻痺するもので、此の理を治療に應用して、壓迫刺戟にて右の作用を

起さす方法である。

三、誘導作用

とは患部より隔つた他の部位を壓迫刺戟して、血液を右場所に透導する方法である。例へば充血、炎症を來たした場合に他の部分を壓迫刺戟して、患部の血液を散らすが如き方法である

右の興進、鎭靜、誘導の三作用が靈壓の生理的作用であるから、靈壓の刺戟の强弱等は病症に依り、右の中何れの作用に屬するかを考察して、それに適應した方法を講ずべきである。

靈壓療法の手技

靈壓療法は靈波の發動せる手掌又は指頭を以つて一定の靈壓点を壓迫するのであるが、患部の廣凡な場合は手掌を要ひ、一局部の時は指頭（殊に母指）を用ふるのである。そして壓迫法の强弱に依つて手技を左の三種に分つことが出來る。

A　壓　法

は最も强い壓迫法で、これを行ふには拇指頭を用ふるを尤も便利とするのである。神經痛、神經痙攣、肩凝等の時、所要の靈壓点へ此の法を二三度施術すれば、其の疼痛を緩解することが出來る。此れは鎭靜作用に屬するからである。又關節炎、等の場合其の近隣の靈壓点へ此の法を施せば、炎症部、の血液を誘導して疼痛、潮紅を緩解することが出來るのである。其他此の法の應用法は多々あるが、それは諸君の經驗に俟つことゝとする。

B　壓法

は中程度の壓迫法で指頭を用ひて行ふことも出來るし、手掌を用ひて行ふことも出來る。婦人や子供に對しては此の法をA壓法の代りに使用することもある。此の法を永く連續的に行へば、痲痺を亢進さしたり、胃腸の器械的作用を促進することが出來る。

此の法は重に興進法と誘導法に應用されるものであるから、從つて實際に臨んでは、此の使ひ分けを誤らない樣にしなくてはならぬ。

C　壓法

は極く輕い壓迫法で手掌を用ふるのが適當である。衰弱せる患者や子供に對しては、亢進、鎭靜、誘導の三法に應用されるのであるが、普通の塲合は、興進、誘導の二法に用ふるが適當である。

要するに壓迫の强弱は、病症並に患者の体質、年令、等に依つて異るものであるから、今茲で確定的使用法を說明するは困難である。故に諸君は前述の根本源理を充分會得して、後述の靈壓点に從つて、各病症に應用すべきである。

（靈壓點第一圖）

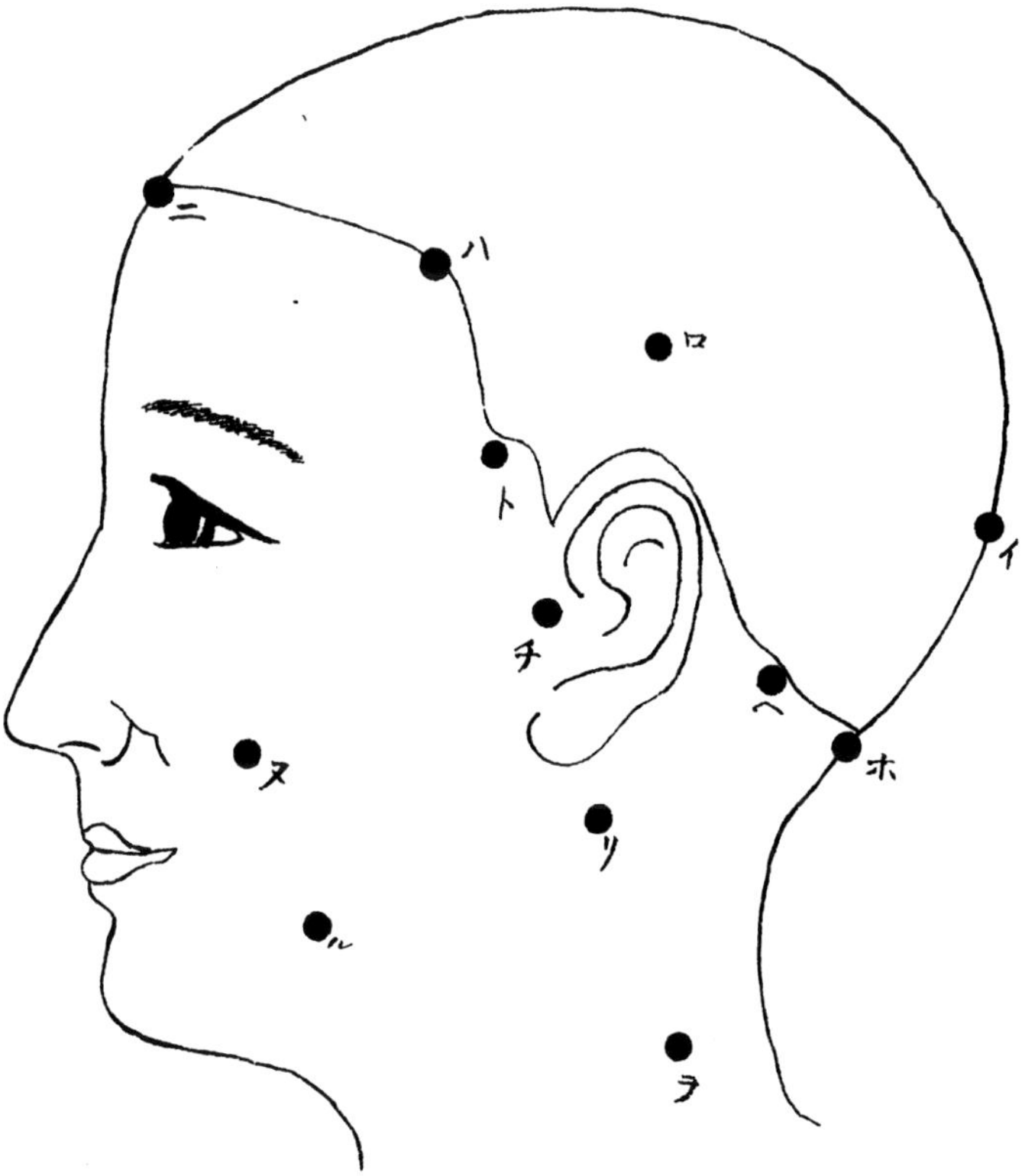

（靈壓點苐二圖）

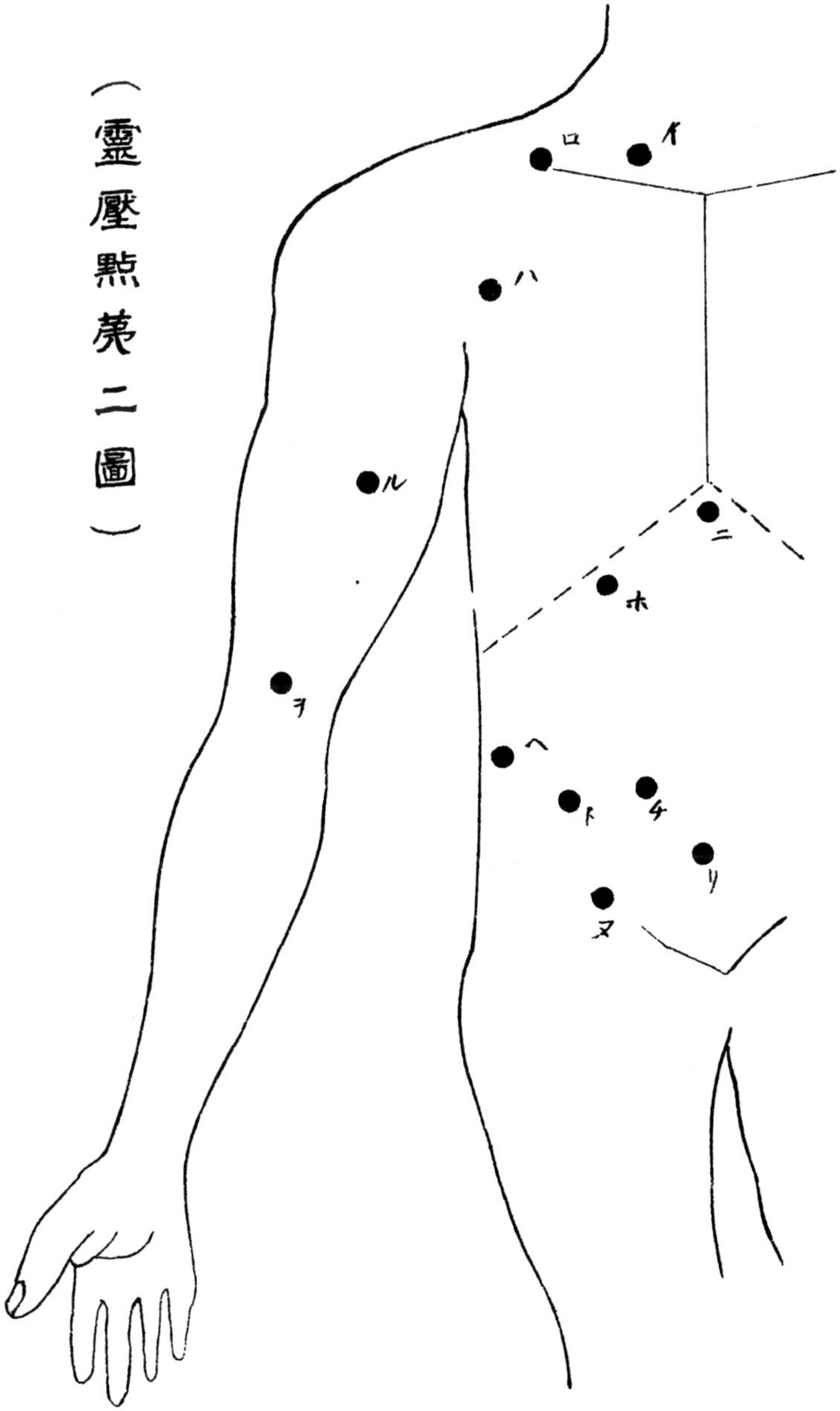

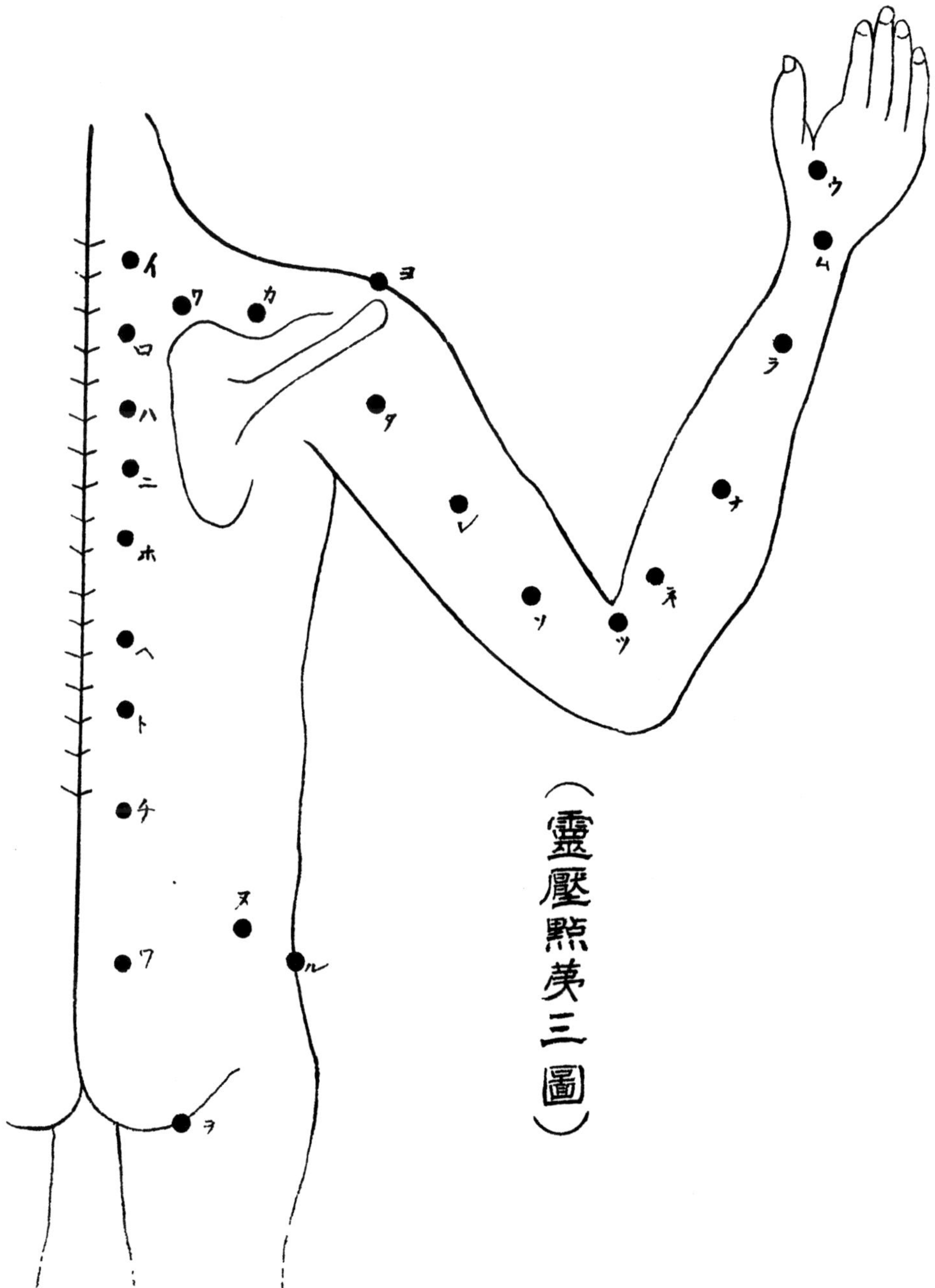

（靈壓點第三圖）

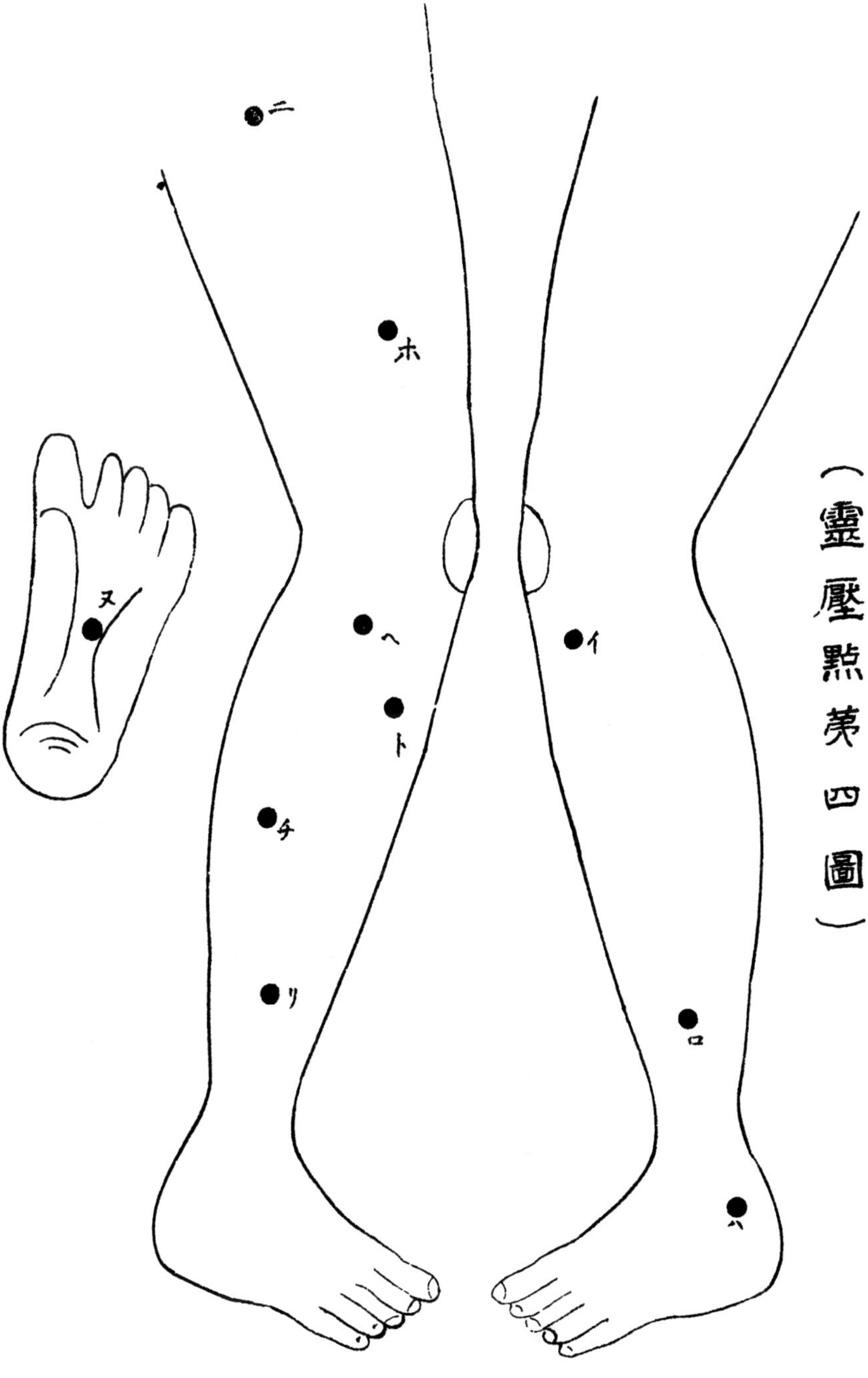

（靈壓點苐四圖）

靈壓點の解説

今左に靈壓點の部位及び疾病に應用する際の適應症を記して諸君の應用に供することにする都合上圖解に從つて解説するから、之が研究の際は充分圖と對照してやつて頂きたい。此の靈壓點に通ずることは靈壓療法で最も重要なことであるから、周到綿密なる研究が必要である。

第一圖　頭頸部

(イ) 後頭結節の部、後頸部の髮際ホの上方約二寸の所にあり。

適應症＝此の部は靈波發動源にて、諸症に効果あるも殊に、腦痛、眼球神經痛、中風、癲癇神經衰弱等に適應す。

(ロ) 耳翼上根部の上方約一寸三分の處、顱頂結節の下方にあり、顳顬筋中にて、顔面神經と淺顳顬動脈分布す。

適應症＝頭痛、嘔吐、頸張、めまい等に適應す。

(ハ) 前頭結節の上方にて、前頭部髮際の外隅前頭筋中に在り、三叉神經と顔面神經と淺顳顬動脈が分布す。

適應症＝感冒、頭疼、腦充血、めまひ、眼病等に適應す。

(ニ) 眉間の上方約二寸、眉間の正中を上る髮際部に相當す。前頭筋附着部にて、前頭神經と前頭動脈之に分布す。

適應症＝發狂、めまい、癲癇、頭痛、水鼻等に適應す。

（ホ）外後頭結節の下方一寸二分の所にて、頂部正中の髪際に當る。僧帽筋の間に在り、延髓部にて、後頭動脈の分枝分布す。

適應症＝中風、頭痛、のぼせ、鼻血の時此所をつめると止血す。

（ヘ）後頸部の髪際で僧帽筋と胸鎖乳嘴筋との間に當る。（ホ）の外方約一寸五分の所に在り、大小後頭神經及後頭動脈之に分布す。

適應症＝ルイレキ、中風、頭痛、發汗等に効あり。

（ト）耳翼上緣の前方約一寸五分の所、顳骨上弓の上方七分の所に當る。顳顬筋中に在り、顔面神經と、淺顳顬動脈之に分布す。

適應症＝頭痛、めまい、視力缺乏、感冒等に効あり。

（チ）外耳門の前部、耳珠下の少しく前方の凹陷部に當る。顔面神經、三叉神經、及び耳前動脈之に分布す。

適應症＝耳鳴、齒痛、耳中疾病、等に効あり。

（リ）耳下線部にて耳垂と乳嘴突起との間の凹陷部にあり、顔面神經と大耳神經と淺顳顬動脈が分布す。

適應症＝耳鳴、耳下腺炎、小兒むし、齒痛、めまい等に効あり。

（ヌ）鼻翼の外方一寸五分、顴骨弓の下際に當る。咬筋中にて顔面神經と三叉神經と橫顔面動脈之に分布す。

適應症＝耳中疾患、齒痛、顔面神經痛、耳だれ、等に効あり。

（ル）下顎骨隅の前方、一寸五分の所に當る。第二大臼齒の下部にて、三角頤筋中に在り、顔面神經の分枝及び外頸動脈枝之に分布す。
適應症＝齒痛、顏面神經麻痺、顏面神經痛に適應す。
（ヲ）頸部の側方にて胸鎖乳嘴筋中央の後緣に當る。鎖骨上神經及び下頸皮下神經分布し、內外頸動靜脈之に通ず。
適應症＝肩癖、頭痛、神經衰弱等に効あり。

第二圖　胸腹部及上肢內側

（イ）鎖骨中央の上部五分に當る、濶頸筋中に在り、副神經及総頸動靜脈分布す。
適應症＝氣管支加答兒、喘息等に効あり。
（ロ）鎖骨外端の上部に在り、胸鎖乳嘴筋　鎖骨上神經及鎖骨下動靜脈等分布す。
適應症＝肩癖、上肢神經痛、三角筋ロイマチス等、に効あり。
（ハ）前胸壁の外端、大胸筋の上部にて第二肋間の高さに在り、胸廓神經及肋間神經分布し腋窩動靜脈之に通ず。
適應症＝咳嗽、氣管炎、喘息、息切れ、上膊神經痛、肋間神經痛等に効果あり。
（ニ）胸骨劍狀突起の直下方五分の所にて自條線中にあり、肋間神經及上腹壁動脈分布す。
適應症＝胃痛、喘息、肺出血等に適す、但し此處は强壓を禁ず。
（ホ）第八肋軟骨尖端の下緣にて外斜腹筋中に在り、肋間神經及び橫隔動脈之に分布す。
適應症＝直腹筋收縮、症痛、胃痛、腹痛、肝臟病等に効あり。
（ヘ）第十一肋軟骨の尖端の下方の內外斜腹筋中に當る。肋間神經分枝及橫隔動脈分布す。

適應症＝腹症痛、腰痛、子宮痛、等に効あり。

（ト）腸骨前上棘の内上方一寸の所、内外斜腹筋中にあり。肋間神經の分枝及腸骨下腹神經並に淺腹壁動脈分布す。

適應症＝脚氣、下痢、嘔吐、腹痛、症痛、子宮痙攣に効あり。

（チ）臍の外方約二寸の所、直腹筋の外縁に當る。肋間神經の分枝及下腹壁動脈分布す。

適應症　＝下痢、月經不順、症痛、水腫等に効あり。

（リ）臍の直下約一寸五分、白條線中にあり。肋間神經分枝及下腹壁動脈分布す。

適應症＝症痛、淋疾、尿閉、子宮病、月經不順、こしけ等に効あり。

（ヌ）恥骨軟骨の外上際に當る。直腹筋の外縁にて腸骨下腹神經及び腸骨鼠蹊神經並に下腹壁動脈之に分布す。

適應症＝泌尿器病、子宮病、腹痛、腰痛等に効あり。

（ル）上膊骨前外側の中央部にて二頭膊筋の外縁に在り、外膊皮下神經及び上膊動脈並に頭靜脈之に分布す。

適應症＝三角筋ロイマチス、上膊神經痛、肩癖に効あり。

（ヲ）肘窩の外側、肘窩横紋の外端に當る。外膊皮下神經及び返廻撓骨動脈分布す。

適應症＝上肢神經痛、上膊ロイマチスに効あり。

第三圖　背腰部及上肢外側

（イ）第一胸椎棘狀突起の下外方一寸の所に當り、僧帽筋中に在り、背椎神經後枝及び頸動脈の分枝分布す。

適應症＝頭痛、齒痛、肩頸背神經痛小兒疳、等に効あり。

（ロ）第三胸椎棘状突起の下外方一寸の所に當り、僧帽筋、副神經、後胸廓神經、背椎神經肋間神經、上肋間動脈、横頸動脈分布す。

適應症＝肺病、ルイレキ、黄疸、腰背神經痛に効あり。

（ハ）第五胸椎棘状突起の下外方一寸の所にて僧帽筋中に在り、全前神經及血管分布す。

適應症＝中風、發狂、心臓病に効あり、但し强壓を禁ず。

（ニ）第七胸椎棘状突起の下外方一寸の所にて前者と同様の筋肉、血管、神經分布す。

適應症＝胃カタル、胃痙、吐食等に効あり。

（ホ）第九胸椎棘状突起の下外方一寸の所にて、前者と同様の筋肉、血管、神經、分布す。

適應症＝めまい、肝臓病、神經衰弱、黄疸等に効あり。

（ヘ）第十二胸椎棘状突起の下外方一寸の所にて、濶背筋中にあり。背椎神經及び肋間神經並に後肋間動脈の背枝之に分布す。

適應症＝胃病、胃カタル、腰痛、肋間神經痛等に効あり。

（ト）第二腰椎（イベラ）状突起の下外方一寸の所にて腰背筋膜中にあり、腰椎神經の後枝及び腰動脈分布す。

適應症　腰痛、腎臓病、生殖器病、腸痛に効あり。

（チ）第五腰椎棘状突起の下外方一寸の所にて前者と同様の神經、血管、等分布す。

適應症　腰腹痛、淋疾、腰部神經痛等に効あり。

(リ)尾閭骨の側方部にて腰背筋膜中に在り、薦骨神經の分枝及び側薦骨動脈分布す。
適應症＝痔疾、便秘、腰痛に効あり。

(ヌ)第二薦骨仮棘狀突起の外方三寸の所にて腰背筋膜の外縁に當る。薦骨神經の分枝と側薦骨動脈之に分布す。
適應症＝腰痛、婦人生殖器病、便秘に効あり。

(ル)、大腿骨大轉子と髀臼關節上縁との中間後部に當り、大臀筋中に在り、下臀神經及び上臀動脈等分布す。
適應病＝腰痛、腸痛、子宮痛に効あり。

(ヲ)臀部下溝の中央にして、二頭股筋中に在り、下臀神經、坐骨神經主幹あり、坐骨動脈分布す。
適應症＝坐骨神經痛、脚部麻痺に効あり。

(ワ)肩胛骨棘狀截痕の上部中央にて僧帽筋中にあり、肩胛上神經及ひ副神經並に横肩　動脈分布す。
適應症＝肩　筋麻痺、肩凝、神經痛等に効あり。

(カ)肩　骨棘上窩の上中央、僧帽筋中にあり、肩　上神經及び副神經並に横肩　動脈分布す
適應症＝肩癖、肩　痛、痙攣痛等に効あり。

(ヨ)肩蜂突起の直外方、上膊を上げて凹む所にて三角筋の中央に在り、腋窩神經及び上膊動脈分布す。
適應症＝肩凝、中風、上膊痛に効あり。

（タ）肩峰突起の下外方一寸の所にて、三角筋の後緣に當る。腋下神經及び上膊動脈分布す。
適應症＝肩胛關節ロイマチス、上膊神經痛に効あり。
（レ）上膊外面中央三角筋停止部の後下方に當る。三頭膊筋部にて撓骨神經及び淺在膊動脈枝分布す。
適應症＝神經痛、ロイマチスに効あり。
（ソ）肘の上方二寸の所にて、同前筋肉、神經血管分布す。
適應症＝肩痛、頭痛、神經痛、ロイマチスに効あり。
（ツ）肘窩横紋の外端にあり、伸筋諸筋の起始部にて、撓骨神經の分枝と、撓骨動脈分布す。
適應症＝肘關節痛、上膊痛、半身不隨等に効あり。
（チ）肘窩横紋の下方一寸三分の所にて、膊撓骨筋と長外撓骨筋の間に在り、撓骨神經と同名動脈分布す。
適應症＝經神痛、ロイマチス等に効あり。
（ナ）肘の下方二寸五分尺骨外側の部にて、固有小指伸筋、撓骨神經後枝、後骨間動脈分布す
適應症＝前膊疼痛、麻痺等に効あり。
（ラ）腕關節の上方一寸五分背側中央に在り、前者と同樣の血管神經分布す。
適應症＝同前
（ム）腕關節背面の中央に當る。総指伸筋と固有小指伸筋との間にて、同前神經の外尺骨神經腕骨背側動脈分布す。
適應症＝神經痛ロイマチスに効あり。

（ウ）第一掌骨と第二掌骨との間にあり。撓骨神經に同名動脈分布す。
適應症＝中風、腕神經痛、ロイマチスに効あり。

第四圖　下肢部

（イ）脛骨關節髁後緣の直下にて下腿內側の上部に當る。
適應症＝腰痛、膝關節痛等に効あり。
（ロ）足の內踝の上方二寸の所に當る。
適應症＝生殖器病、足痛等に効あり。
（ハ）足の內踝の後下方五分の所に當る。
適應症＝四肢ダルキ時、足蹠痛等に効あり。
（ニ）大腿骨外上踝の上方約六寸の所に當る。
適應症＝脚氣、神經痛に効あり。
（ホ）大腿骨外上踝の上方二寸五分の所に當る。
適應症＝脚氣、痲痺等に効あり。
（ヘ）膝の下方五分の所下腿外側上部に當る。
適應症＝膝關節炎、ロイマチス、神經痛等に効あり。
（ト）下腿前側の上部で、膝の下方二寸に當る。
適應症　諸病慢性病、神經痛等に効あり。
（チ）足の外踝の上方三寸五分腓骨の後側にあり。

適應症＝脚氣、歩行困難、足の屈伸不都合の時効あり。

(リ) 足の外踝の上方一寸五分の所に當る。

適應症＝脚氣、坐骨神經痛、手足不隨等に効あり。

(ヌ) 足の裏面にあり。

適應症＝ノボセ、脚氣、歩行困難等に効あり。

以上で靈壓點の解説は終つたが、圖解に載せてないのは正中線を拔いて他は皆兩側に點があるのだから。即ち第一圖頭頸部が兩面で二十一點、第二圖胸腹部及上肢内側で二十二點、第三圖背腰部及上肢外側が兩側で四十八點、第四圖下肢が兩側で二十點。靈壓點は都合全身に百十一點あるのである。

諸君は是非右の靈壓点は殘らず心得てゐて、其の應用法を會得されん事を望む。

修靈道矯体法傳授

矯体の意義

由來人体の筋骨は、頭頂から脊柱の中間を通し、右左兩足の分岐点まで直線を仮想した場合左右均等に出來てゐるのが原則であるが、多くの人達の體軀は、必ず此の均等を缺いてゐるのである。脊柱が歪んで居たり、腰がヒネクレてゐたり、一方の肩が上がりすぎてゐたり、下がりすぎてゐたり、臀筋が左右不平均であつたり、一方の足が長くて一方の足が短かゝつたり、又上体と下体が不均衡だつたりすることは少くない。殊に此の不整体は病人に於て著しく發見せらるゝのである。此れは先天的に不均等に出來てゐる場合もあるが、多くは後天的に吾人日常の生活、が些うした不自然な結果を齎らすことが多い樣である。普通人間（畸生体でない限り）の自然の體は必ず左右均等でなければならないが、吾々の日常の身体の持ち方は始終此の自然の体を崩してゐるのである。例へば女が歩く時に、妙に腰の邊をチョイと斜にして身体をくの字に歪め、中には帶まで七三に歪めてゐるものもある。之れは新らしい言葉で云へば、しをらしい女性の曲線美を發揮したとでも云ふのであらうが、それは畫家のモデルや、活動のスター連の所作としては、至極結構な姿勢であらうが、それを常に得意になつてやつてゐる時は何時しか平素の習癖となつて、折角眞直に生れた立派な身体が、遂には人に嫌はれる樣な病氣の持ち主となつてしまふのである。

これは男子によくあることであるが、俗に云ふ肩で風切ると云ふ身体の構へ方で、肩を七分三分に歪めて歩くことがある。些う云ふ人に限つて兩肩が不平等である。今日の醫者などは、肩が二寸や三寸歪んでゐても全く何とも思つてゐないが、之を矯体法から觀察すると、肩の歪んでゐるものは、脊柱の一部か、腰椎又は薦骨に不正な所があるものである。些んな人は常に消化器が惡く、隨つて頭痛や齒痛があるものである。此れは唯一例に過ぎないが、其他帶、帶揚げ、袴の紐等を胸部に固く締めて、胸腹部の發達を妨けて、呼吸器を害し、貧血症を來たすこと等もあるのである。要するに吾々日常の一擧一動が、各々自分の都合の良いように働いて少しも自然の体を考へない爲めに、不知不識の中に身体に不均等を生じ、筋骨の不歪形を來たし、遂にはそれが爲めに恐るべき病氣を引き起すことが少くないのである。之に反して自然の体を保持してゐる人は、内臓は常に正しい位置にあつて完全な機能を勤め、神經機能も正しく血行も良好で、筋骨は堅固で屈伸が自在であると云ふ様に、凡ての点に於て健全であるから、病氣なぞに罹る様なことはないのである。若し人間が母体から生れた時の自然の体を保持して生長したならば、必ず健全であるに相違ないが、吾々人間は哺育の時から少年時と段々年月を累ねるに隨つて、家庭の習慣や社會の習風に支配せられて、知らず識らずの中に自然の体が破壞され、殊に壯年時代に至つて職業に就くに及び、益々其の姿勢を崩して仕舞ふことが多いのである。世の中に何時までたつても病氣の絶ゑないのは些んな所から來たのかも知れないが、兎に角病人中の八九人迄が著るしく自然の体を壞して、不正体をして居る所を見ると、身体の正体不正體が吾々の健康に及ぼす影響は大なるものであると思ふ。前述の如く人間の自然の体が崩れて不正体になつた時吾々の健康は害され、病氣を惹起すると云ふことが、肯定されたならば、又此の反對に、吾々の身体の不正を矯正して自然の体に正すことに依つて、病氣を治し健康を恢復することが出來ると云ふ事も當然あるべきことである。修靈道の矯体法は此の意味に於て、治療の目的を達する方法である。

即ち我道の「自然に皈れ」の大精神に基き、吾々の身体の不正な筋骨の形態や、正自然な習癖を矯正し、自然の体に皈らしめて、治病の目的を達し、健康を増進せしめるのが、我が道の矯体法である。

不正体の検診法

矯体法に依つて不正体を矯正せんとするに當り、先づ第一に被術者の身体の何れの部分が自然の体に反してゐるか、不正体であるかと云ふことを検することは、最も必要なことである。

而してそれが標準となるものは、自然の体である。自然の体とは左右の筋骨が均等であり、其れらの運動機能も均衡でなければならない。又如何に左右が平等で、其の機能が完全であつても、上半身と下半身との均合がされてゐない場合は、これも自然の体と云ふことは出來ないのである。自然の体に就いて詳細に論じて行けば、まだ〳〵限りなく要点があるが、先づ大体に於て右の三要点に就いて檢査して行けば宜いのである。

近來醫者の中にも偶まには脊柱の正否を重要視するものがあつて、體格檢査をするものがあるが、それ等は凡て身体を檢するに直立不動の姿勢を取らせて、其の正否を檢査する樣であるが、之はまことに幼稚な方法である。脊柱は直立の姿勢をした場合に眞直であつても、坐つた場合や伏臥した時に、歪んでゐたり、彎曲してゐることが少くないのである。また直立しても坐つても、伏臥しても眞直である脊柱が身体の上部を左右に傾け、或は後へそり、又は前へ屈(かゞ)むことを試みる時にそれが思ふ樣に出來ないことがある。斯る体は決して良好な体ではなく、これが爲めに必ず身体の何處かに病氣の潜んでゐることは事實である。此は唯脊柱を檢査する時の一例にすぎないが、身体の何れの部分を檢査するにも、常に是位の周到なる觀察が必要である。又骨格の不正体を發見するに、脊柱、肋骨、肩胛骨、の如きは、一見すれば、其の不正が分るものであるが、剉骨又は骨盤体等は、肉の下に隱れてゐるから、掌を以て撫擦しなければ其の正否を識別することが出來ない場合があるが、斯る時は細心の注意を拂つて行はなくてはならぬ。

次に便宜上檢診法の要点を摘錄して見ると、

第一には身体全体の望診を爲して、左右の均等を檢し、上下の均衡を調べること、

第二には頭部と軀幹との均合、即ち頭の傾きを檢すること、
第三には肩の上り下りを檢すること、
第四には脊柱の正否を檢すること、
第五には胸廓の左右の偏倚と、肋骨の正又は不正列を檢すること、
第六には骨盤の不正形を檢し、臀筋左右の平均を調べること、
第七には大腿骨の正歪を査し、左右の兩脚の長短を檢すること、

右は其の大体であるが、これに依つて被術者の身体を檢診して行けば、被術者の病氣を察知することが出來るのである。次に右の檢診を爲すには、被術者を裸体にしたり、上半身の肌をぬがしてやつたり、人に依つて臨機の處置を執るやうにするのである。又檢診の姿勢も或は直立し、或は仰臥し、或は伏臥し、或は端坐して行ふのである。

又此の檢診法を行ふに際して一言云つて置き度いことは、例へば骨格が正しくない爲めに、一方の肩が下つたり、腰が歪んでいる人を仰向けに臥せて見ると、其の姿勢が、ねぢれてゐたり足に長短があつたりするものである。此の場合に胴なり足なりに手をかけて眞直に揃へてやつても、曲つてゐると云つて元の姿勢へ返して仕舞ふことがある。之は長い間の習癖で曲つてゐるのに慣れてゐる爲めに、その曲つてゐるのが、正しいと思つてゐるのである。些んな人に「貴君の姿勢は不良だ」と云へば怒る事がある。殊に人間は自分の背中に眼がないから、脊椎や腰椎の正否は一向に氣付かないものである。些んな時には傍らに証人を置いて、其の人に其の眞否を目撃させて其の不良を、患者に信じさせて之が矯正法を施す様にしなければならぬ。矯体法に於て此の檢診は最も重要なもので、檢診が誤まつて居れば、矯体法の効果は絶對にな

いのみか、返つて害を及ぼすものであるから、充分此の檢診には熟達する必要があるのである

不正体と病氣との關係

脊椎は、神經や血管に深い關係があつて、脊椎の不正曲彎は神經系統の疾患や循環器系統の病氣を起すものである。又第六胸椎の故障が消化器に多大なる影響を與へることも事實である次に脊柱の不正体は骨盤帶に不整体を來たし、從つて生殖器や排泄系統に其の影響を及ぼすものである。單なる脊柱の不正体が斯くの如く、諸方に影響を與へるのであるから、矯体法では此の脊柱の矯正が一番重要視されてゐるのである。又肩の凝なぞは、皆肩胛骨の不正位置より來るのであるが、これが爲めに、胃や心臟や肺に疾患を來すことがあるのである。又平素前屈みの姿勢をして歩く人は一方の胸を押しつめて肋骨を不整位置にして遂に肺病を起す樣なことになるのである。又骨盤の狹い人や、不整形の婦人は常に子宮病に罹つたり、難産する事が多い樣である。常に頭を傾けてゐる人は、頭痛持ちで消化器に故障があるものである。此う云う人に限つて、脊柱の中部に故障があり、便秘を來たし易いのである。肩の傾いてゐる人は、腰椎に故障があつて必ず胃が惡いものである。又猫脊の人は、腰椎に故障があり、從つて腰が凝つたり、痛めたりして、腸に病氣があるものである。以上は極小部分の擧例に過ぎないが、此の他の不正体から發する病氣は多々あつて此を一々指示することは、困難であるが、要するに諸君が經驗を積んで行けば、意外な事實を發見するものである。現に筆者自身も實地に當つて毎日新らしい事實を發見しつゝある樣な譯である。此れは極く最近の事であるが、蚪骨の偏倚に依つて扁桃線炎の起ることも發見したし、肩胛骨の不平等位置が痔疾を起すことも發見した

のである。今の醫者にこんなことを云へば、そんな馬鹿なことがあるものかと一笑に付して仕舞ふのであらうが、實際に於て此等の不正を矯すことに依つて所期の効果を得てゐる所を見れば、強ちこれも徒説ではあるまいと思ふ。

矯体法の施術法

前述の檢診法にて不正部位が分つたならば、今度はそれに對して矯正法を成すのであるが、此の矯正法は千差萬別で其の人々に依つて、其の方法を異にするのであるが、大体に於て其の主眼とする所は、骨骼の主要部たる脊椎を矯正して然る後に他の不良骨骼に及ぼすのが順序である。而して此の矯体法を分ちて二種とすることが出來る。即ち一は消極的矯体法であり、一は積極的矯体法である。

消極的矯体法

此れは不良の程度が極めて微小にて別に不健康を自覺しない程度の人に尤も適した方法である。併し是を普通の病者に課するのも決して効がないのではない。其の方法はどうかと云ふと檢診法にて不正箇所が分つたならば、それが矯正に適當な姿勢の執り方を敎へるのである。結局日常生活上の習癖を自分自身に矯正させる方法である。例へば常に右を着げて寢る習慣の人は、必ず頭が左へ傾き、脊柱も其の通りに彎曲するものである。斯る人には、暫らくの間強いて其の反對の向きに寢る事を勸めるのである。尤もこれも始めは惡夢に襲はれたりして仲々寢られないものであるが、、慣れるに從つてよく眠れる樣になるのである。此のよく眠れる樣にななつた頃、其の身体を檢診して見ると、殆ど前の不正体は矯正されてゐるものである。其れで此の時反對の向きに永く寢ることを習慣にすると、又前と反對の側へ不正を生ずるから、此の矯正が出來たならば、早速次に理想的な寢方を敎へて、切角矯正された部位を再び歪めない樣にしなければならぬ。此の理想的の寢方と云ふのは修靈法の自然態のことで、即ち次の樣な寢方である。

(1)、枕をせずに、水平位に仰向に臥す、
(2)、両脚を伸ばして一尺位開く、
(3)、鼻柱と氣管と胸骨とが一直線にあつて、両脚の間隔を二等分する樣にする、
(4)、両腕は伸ばして掌を上に向けて、各々体側四十五度の位置に置く、
(5)、全身何れの筋肉にも力を入れぬこと、

右の寢方は最も自然の姿勢であるから、これは凡ての人に用ひて良い姿勢である。茲に一寸注意して置き度いことは枕の事である。自然態の臥し方で枕を用ひないのは、前述の通りであるが、寢る時枕を使用することは確かに有毒である。常に强健な小供は枕を嫌やがる、又大人でも丈夫な人程枕が底く、始終身体の弱い人は、高い枕を好むものである。昔から人間は頭を大切にするから枕をするが、動物は智慧がないから枕をしないのだと云つてゐるが、是が抑も大きな誤りである。恒に頭痛持ちの人や、疳癪持ちの人は必ず枕が高いのである。又病人でも危篤な人程枕が高いものである。小兒の百日咳なぞに罹つたり、俗に疳の蟲と云つて精神亢進を來たして夜泣するのも、高い枕から來ることが多い。だから些う云ふ時には其の枕を取つてやると、大底は良結果を得るものである。凡そ人間の日常生活の中で、就寢時が一番永く同樣

姿勢を維持してゐるものであるから、此の間の姿勢の可否は、我々の身体に非常に關係の深いものである。故に此の間を利用して矯体の目的を達することは、最も得策であり、又其の効果も偉大なものである。

次に人は其の職業に依つて、自然の体を壞すことが多い。世の中が進歩するに從つて、總べての仕事が分業的に成り、手でする仕事、肩を使ふ仕事、頭を使ふ仕事、足でする仕事、と云ふ様に一切の仕事を爲すに當つて、体の使ひかたが、その仕事に依つて偏倚になつて固まつてゐるのである。彼の下駄の歯入れや、洋服の釦かがり等が仕事をする時、始終胡坐をかいてゐる爲めに、腰や脊の骨が變んな恰好に曲つてゐるが如く、凡て人は其の職業に適した体格を備へてゐるのが、通例であるが、これは要するに彼等の平素の仕事に於ける體の使ひかたが惡い爲めに起る現象で、結局各自の手癖、胴癖、腰癖、足癖等に依つて姿勢を曲げたり、片寄らせたりして不正な恰好をし乍ら仕事をする爲めに、骨體がそれに應じて不正になるのである。

然らば此の不合理な職業的の體骼の矯正は如何にすれば良いかと云へば、決して六ケ敷いことではない。何れの職業に從事する人も常に正しい姿勢を維持して、體の局所々々を平均に働かせるのである。即ち一つの仕事を爲すに、當面の一局部へ体力を傾注させないで、全身の筋骨総がかりで手なり足なりを働かす様に心懸けるのである。斯く言へばそんなことが出來得るものではないと云ふ方もあるかも知れないが、重い物を提げる時、それを一方の手へ提げずに二つに分けて両手へ提げたり、擔ぎ物をする時に、一方の肩へばかり擔がずに、肩を交る〳〵使用したり、又毎日坐り仕事をする人が朝夕の余閑に散歩すると云ふ様な心懸けさへあれば、此の目的は充分達せられるのである。諸君が若し他人に些んな事を注意する場合には、総べて此の要領に依つて、其の業務〳〵に從つて、適當な指導を爲せば良いのである。

次に日本人の生活に最も密接なる關係のある坐り方に就いて一言することにする。元來平坐りと云つて、兩足を左右に開いて臀部を其のまん中に落す坐り方がある。男女共に此の坐り方をする人が多い樣であるが、此れは腹部を壓迫して其の機能を害し、腰椎や薦骨椎に不正位置を生ぜしめて、殊に女子は此の爲に子宮に害を及ぼすものである。次に捻り坐りと云つて、兩足とも片方に捻り出し、臀部をその反對の側に落す坐り方があるが、これは永く坐つて疲れた場合とか、常に坐りなれない人が偶々坐る時に、よくやる坐り方であるが、些う坐つた場合試みに、左右の腰骨と、肩との間を計つて、兩方の長さを較べて見ると、非常に差があるもので其の爲めに腰椎や胸椎の不整體を惹起することは、當然のことである。此れが永い間には恐るべき內臓の疾患として顯れて來るのである。故に我々は毎日眞直に座ることを心掛けなければならない。若しそれが出來ない場合は、右と左とを交代に捻つて、十分中正を保つ樣に坐るのが良いのである。

此の外日常身體の使用法には、まだ〳〵澤山注意しなければならぬことがあるが、結局は人間の全身に普く分布されてゐる無數の筋骨を均等に運動させる樣に使用すれば良いのである。何をするにも一方に片寄らぬ樣にし若し又止むを得ないで一方に片寄らなければならぬ場合には、態と他の一方へ片寄つて、その中正を保つ樣に心掛けなくてはならない。例へば仕事に依つて右の手のみ使ふ人は、休息の時に努めて左を使ふ樣にして、筋骨の機能を平均にすることが肝心である。

積極的矯体法

之は不正體の程度が増進して、健康を害し、疾病が外部に現はれてゐる場合、術者が人に施す方法である。由來骨格の不良は上半身に著るしく顯れてゐるもので、殊に脊椎に於て然りである。此の施術法の第一に主眼とする所は、脊柱の矯正である。脊柱の矯正が出來て後に各部の矯正にかゝるのである。それで此の法を行ふには、被術者を仰臥させ、横臥させ、或は伏臥させて、任意の方法に依つて施術するのである。施術を受ける時に被術者は全身の何れの部分へも、力を入れない様にすることが大切である。

此の矯体施術の手技は非常に澤山あつて、殆ど各患者に依つて皆異つてゐるのであるから、實地教授でも中々完全に會得の出來ないのが常である。要は諸君の應用一つである。敎典で習つたのみでも、其の眞義を理解して、少し應用の才のある人ならば、充分の効果を得ることが出來るのである。今左に主なる矯正法を記して置くことゝする。

肩の傾垂を矯正する法

右肩の下つてゐる人は、脊椎の下部の方が左側へ偏倚してゐることが多い。又頭部は左に片寄つてゐるものである。此う云ふ人は消化不良を來たし、常に便秘勝ちなものである。

此の矯正は患者を俯臥せしめて、右の顔面を疊につけ、先づ両足を伸ばすのである。而して右足の膝を折曲げて、其の甲を左足の大腿部にもたらせて、右の膝を疊より五六寸持ち上げるのである。これを十五秒間もやつて元の姿勢に皈へすので、これを一日に一回宛十日間も繼續すれば、大概は治るものである。若し左の肩の下垂せる時は右の反對に施術すれば良いのである。

腰椎の偏曲を矯正する法

腰椎が左に曲つてゐる時には、左肩も傾いてゐるものである。此の種の人は慢性の胃症を起し易いのである。此の矯正法は、足を伸ばして、俯臥せしめ、先づ右足を一尺程外方へ開き、その膝を半ば折り曲げて、七八寸持上げて、十秒位經つて後下すのである。此の開き加減は腰椎の彎曲の程度に依つて多少考へなくてはならぬ。此れを一日に二回位行へば少しの彎曲は一週間位で矯正されるものである。此れが右へ曲つてゐる時は、前の反對に行ふのである。

胸肋骨の不整位を矯正する法

左右の胸肋骨が不揃ひで右なり左なりが、高く擴大してゐる時には、被術者を仰臥せしめて擴大してゐる側の手を斜めに横に開き、八九寸位上へ持上げて十五秒位の後下すのである。之を一回に三度位行ひ、一週間も繼續すれば、其の不整位が矯正されるのである。

猫背の矯正法

俗に云ふ猫脊の人は、常に腰が凝り、腸に故障があるものである。被術者を俯臥させて両手の甲と掌とを合せて俯せ、其上に顔を俯せ、右足と頭部を固定させて、先づ左足を充分伸ばして、体軀を半分右後方へそりかへす樣にして二尺程上げ、四五秒にして下し、今度は右の方を今と同樣にするのである。此れを一日に一回宛一ヶ月も繼續すれば、相當に矯正されるものである。

以上は唯一部分の擧例に過ぎないが、要するに此の方法を凡てに應用すれば良いのである。尙ほ詳細は期を見て發表する考へであるが、以上述べた所で矯体法の大体は會得されたことゝ思ふから之で此の課は止めて置く事にする。

修靈道水治法傳授

水治法の意義

水で病氣を癒すことは、原始時代から始まつてゐたのである。印度では太古からガンジス川の淸い水で身体を洗淨すれば、病は自然に治癒するものと信ぜられ、これが民間療法とし行はれて、今尙此の思想が土着の民族間に殘つてゐる樣である。支那では道家仙人が夙に冷水浴を以て、此上ない健康法とされてゐた。又我國では神代から禊(みそぎ)と云つて、水を用ふる行法があつた。斯の如く水治法の淵源は非常に古いものであるが、今より二百五十年ばかり前に、英國人フロイヤー氏に依つて、これが始めて醫學的に研究されて以來、今日の醫家の行ふ冷却法や濕布法が奬勵される樣になつたのである。

水の治療的効果　吾々が手に墨のついた時、これを水で洗ふと落ちることは誰も知つてゐる通りであるが、これはどう云ふ譯かと云へば、水に溶解力と排泄力があるからである。又足の冷える時水に浸すと後が非常にホカ〱と温かくなつたり、或は熱のある處へ濕布をすると、其の熱が下つたりすることも吾人の日常經驗する所であるが、是は水の刺戟作用に由るものである。吾々が疲れた時、水で顔を洗ふと元氣づく、これは水に人を强壯にする力があるからである。即ち水には以上の如く溶解、排泄、刺戟、强壯の四つの力があるのである。而してこれを治療上に活用すれば、

血液中の病的物質を分解し、分解されたる病的物質を排泄するのである。又刺戟作用に依つて、體温の高底を調節し、血液の循環を活達にするのである。强壯作用は衰弱せる機能を活潑にすることが出來るのである。斯の如く水が人間の生理機能へ大なる影響を及ぼすと云ふことが分れば、これを適宜に應用することに依つて、人間の病氣を治癒することの出來得ることは當然肯定さるべき事柄である。

修靈道の水治法は以上の如き水の諸作用を利用して治病の目的を達する方法である。

水治法の種類及方法

今水治法の種類を記述するに先立つて、熱の刺戟に依つて起る人体の生理作用を御話して置き度いと思ふ。物と物とが摩擦すれば熱の起ることは、諸君の周知のことである。それで人体の熱は刺戟の如何に依つて聚散するのである。人体の生理活動には賠償の法則がある。即ち水をかぶると皮膚の血管にありし血液は内部の方へ行くが、暫くするとより多量に皮膚の方へ皈つて來て、皮膚が温かになり、隨つて血液の循環が宜しくなるのである。之れに反して温浴すると、始めは皮膚へ血液が多量に來て、温かくなるが、暫らくすると皮膚の血液が減少して、

皮膚が冷ゐるのである。之れは水で顔を洗つた後が温かくなり、湯で顔を洗つた後が、却つて冷たくなることから考へてもすぐ分ることである。それで熱の人体に與ふる刺戟は常に動と反動との法則（即ち賠償の法則）より成つてゐるから、是等の刺戟を治療上に應用するには、從つて温水と冷水との二種を適宜に活用しなくてはならぬのである。

然るに現代の治療家の行ふ水治法は、前述の法則を、無視してゐるの感がある。例へば足先の冷ゐる場合、湯タンポ、温石などで之れを温めるのが普通であるが、之れは大きに間違つてゐる。賠償の法則で、湯や温石で温めれば温める程、足先の血を追び出して了ひ、從つて足の温度は下つてしまふのである。之に反して足先を冷水に入れて、五六分間置き、さうして後足の水氣を拭いて、足袋を穿くなり、乾布で卷いて置けば、彼の血液が多量に足先へ流れて來て足は非常に温まるのである。昔から漢法醫が頭寒足熱と云つて、足を温めることを治療の秘訣としてゐたが、僅かに頭が冷靜で足の温かい人は健全であるが、病人は頭に熱があつて、足が冷めたいものである。故に諸君が病氣治療に臨んでも、足を温める必要があることは必定であるが、かゝる際には必ずその方法を間違つてはならない。

次に水治法を行ふには左の如き種類がある。

冷濕布及び温濕布

これはタホル又は手拭等へ、水或は湯を浸して、これを輕くしぼり、それを患部又は熱の調和していない部分へ當てゝ熱を除去したり、保熱さしたりする方法である。此の方法は至つて簡單であるが、其の効果は偉大なものである。熱病の場合冷濕布を施せば、身体内部の血が皮膚へ集まつて皮膚の毛孔を大ならしめ、熱の放散を容易ならしめ、それと同時に病的物質を排泄する効があるのである。又身体の外部へ炎症又は焮衝を起した時は、患部の赤く腫れて熱くなつてゐる所へ、温濕布を爲し、其の周圍へ冷濕布を施せば、患部の血液は周圍の冷濕布の部分へ、多量に吸集され、其れと同時に局部の熱も周圍へ放散するのである。右の如く濕布の効力は非常に大なるものであるが、これを實際に應用する場合には、熱の動と反動との法則を充分理解して、温と冷との使ひ分けを注意しなくてはならぬ。又濕布法には、病症に依つて、全身法と半身法と局部法とがある。併しそれらの應用法は臨牀治病法の所で述べることゝする。

浸水法と浸湯法

これは冷水又温湯の中へ身体の全部又は一部を浸して治病の目的を達する方法である。足の冷ゆる人は冷水の中へ足を膝まで入れて一分以上五分間位置いて、後を乾布できれいに拭つておくのである。

これを日に二度（朝と夕）位宛毎日繼續して行へば、足は自然に熱くなり、胸や頭の血液が足へ下つてきて、氣分が爽快となり、疲れを休めて、夜もよく眠ることが出來るやうになる。

手や足の痛風やリユウマチスの時に、温湯の中へ患部を十分乃至二十分間位浸して置くと、患部の血行を良くし、病的物質を排泄する効がある。又微温湯を器にとつて、其の中へ顔を入れて、眼瞼を開閉すると、眼の周圍を清潔にして、眼の熱を除去する効がある。これは眼の保健上良いばかりでなく、眼病患者には尤もよい治療法である。此の法の應用も數限りなくあるが、實行の際は、熱の動と反動との法則を考へてやらなければ、却つて危害を招くことがあるから、細心の注意が必要である。次に一寸申添へておき度いことは、この浸水法を行ふ時は小量の塩を水へ加へて行ふと、尚一層好結果が得られることである。

灌水法と灌湯法

水又は湯を如露若しくは其他の器具で、患部或は目的の部位へ注ぐのである。

、湯へ入つて上せた時なぞに、足部へ小桶に三四杯水を注ぐと、頭部の血液が下へ下つてその上せは直ぐに治るものである。又常に頭痛やめまいのする人は、前と同じ方法で溫湯を頭部へ注ぐと、頭部の熱か去つて非常に良い氣分になるものである。それで此の種の人に限つて、頭部へ水を注ぐことは大禁物である。

水治法には此外蒸氣浴と云ふのがあるが、之れは特別の裝置がゐることであるから、玆には省いて置くことゝする。以上述べたのが、水治法の大体であるが、之を行ふには、術者自ら患者に手を下せば尚結構なことであるが、治療の性質上患者自身に自宅で行ふ樣に命ずるのが適當であると思ふ。

水治法の應用

急性病の應用

急性病の塲合に水治法を用ふれば、有害な副作用若しくは害毒を後に殘すことなく、第一に患部の充血を減じ、其の疼痛を治し、第二に病熱を危險の程度以下へ下げるのである。第三には病的物質の排泄を迅速にし、第四には体内の積極的な精力を増加し、第五には、体内に酸素の量を増して、老癈物の酸化と燃燒を迅速にする効があるのである。而してこれを行ふ方法は若し患者の衰弱が甚しくて、病床を離るゝことの出來ぬ時には、海綿に冷水を含ませて、身体を洗つてやるとよい。これに依つて病熱を危險点以下に引下げ、充血を防ぎ、排泄力を盛んにするのである。併し乍ら冷し過ぎてはならぬ。

病熱は只危險点以下に下げればよいのである。若しも冷やしすぎると病氣の經過を中止して一時はよい樣であるが、恐るべき害毒を後に殘すものである。又焮衝の塲合に、冷濕布をしたり、灌水法を爲せば、患部の熱を放散し、充血を減ずる効がある。次に半身若しくは、全身へ濕布を爲せば、患者が發汗して、体熱を放散し、皮膚面の排泄作用を盛んにすることが出來るから、これは凡て急性の熱病に適當である。急性炎症などの塲合は、特に患部を冷すと共に、其の周圍一帶を濕布することが必要である。又余り高熱の時に頭部へ溫濕布をすることは危險である。此の塲合は足部を少し塩を入れた水で、浸水法を爲すと同時に、頭の頂(うなじ)の所を冷すことが必要である。此處は全身の內熱を司る所であるから、こゝを冷せば全身の熱を下げることが出來るのである。

慢性病の應用

前に急性病の水治法を述べたが、茲では慢性病に對する水治法に就いて一言することにする一口に云へば急性病の塲合には、放熱を容易ならしめる爲であるが、慢性病の塲合には、排泄作用を活潑ならしめんが爲めに、試みるのである。冷水で皮膚を洗つたり、若しくば濕布したりすると、血液の循環を刺戟して、之を検査すると赤血球か、白血球の數を増すのである。其の結果血液の循環は良好となり。蓄積せる体内の病的物質が驅逐されるのである。又皮膚面へ水治法を行つた爲めに、一時皮膚は収縮して表面の血が内面へ行き其の反動で直ぐ多量の血液が表面へ皈つて來るのである。此の時内部の血管内の不純物を運搬し來り、多量の血液の爲めに、皮膚の毛孔が大きくなり、皮膚面の排泄力が盛んになるので從つて慢性病にも非常に効果があるのである。

次に慢性病の際も、急性病と同じく濕布、浸水法、灌水法の何れをするにしても、その應用を長時間に亙つては宜しくない。患者の体質と病狀に依つて加減することが必要である。又慢性病で足の冷える者には、一日數回（一回に十分か二十分位宛）素足で草の上や、土の上を歩かせることが良いやうである。又夜就寢前に、微溫湯をタライに入れ、其の中に坐り、掌に水を掬んで、腹部、腰部等を摩擦し、それから乾布で全身を拭いて寢床へ入ると、腦や脊髓の血を腹へ下げ、腸の運動を活潑ならしめて、心身を安靜にし、安眠を與へて、凡ての慢性病に効果がある。其他慢性病に對する種々の應用法があるが、それは治病法の部に述べる事として茲には之で止めて置く。

要するに水治法の應用は無限で、諸君が前述の原理さへ究めて、時に臨んで利用すれば、其の効力の大なるに驚かるゝであらう。

修靈道食治法傳授

營養と食治法

吾人々類の生命を存續して行く上に、最も必要なものは、呼吸と食物である。其の中呼吸は生命体の自然活動によつて、行はれるものであるが、食物はどうしても人爲によらなくては攝收することが出來ないのである。諸般の病氣が人間の人爲的行動の誤りから起る以上は、吾人の日常用ふる食物の撰擇、分量、食し方の誤りから、病氣の起ることも、當然あるべきことである。「病は口より入る」とは古い言葉だが、實に口より攝取する食物が、吾人の身体に及ぼす影響は大なるものである。

口より始つて肛門に終る一條の長い管が、身体の中央を下向して中部に至り、膨れては胃となり、諸種の消化液を分泌して靈妙な作用を繰り返してゐる。口中にある僅か三寸の舌は山海の珍味を味ひ分ける不思議な作用を持つてゐる。口より入る食物は、胃腸に依つて消化、分拆吸收せられて、その中に含める不用物のみが黄色の糞となつて、一定の時間の後に肛門より排出せらるゝのである。これは食物攝取の經路であるが、實に此の口より肛門に亙れる一條の管こそ、山海に生ずる萬種の食品から榮養物を分析攝取して、腦を養ひ、肺を養ひ、心臟を養ひ毛髮を養ひ、生殖器を養ひ、骨を養ひ、身体諸部の筋肉を養つて、各機官に完全な機能を行はしめるのである。若し吾人が食物に留意せず、不自然な食事をする時は、これらの機能は害せられて充分の働が出來ず、榮養物を身体各部に送ることが不可能となつて、顔色は衰へ、眼は凹み腦は痛み、筋肉はゆるみ、氣力は衰へて、遂には病氣となつてしまふのである。

此の故に身体を健全無病に保つて行くには、胃腸の働きを活潑にしなくてはならない。それにはどうしても、日常の食物に注意して營養の充實を圖ることが必要である。「營養さへ充分であれば、決して病に罹るものではない」と云ふ學者もあるが、兎に角身体に於ける營養は、軍隊に於ける軍資金の樣なもので、攻擊し來る病害を擊退するには、是非ともなくてはならぬものである。もとより病氣の種類は千差萬別で、其の源因も一樣に論ずることは出來ないが、如何なる病氣にせよ、完全なる營養の攝取が、病氣の治療上に多大なる効果のあることは事實である。所で從來醫者なぞが滋養物と稱して無暗に牛乳や、鷄卵なぞを患者にすゝめる傾向があるが、修靈道の食治法はそんな贅澤な滋養物のみ取らせる方法ではない。各人の体質や氣候風土、年齢、職業、習性、性狀等より考へてそれに最も適した飮食物を適當の分量に攝取せしめて、治療の目的を達する方法である。その昔神醫扁鵲が「食物を用ひて病を治すは良醫なりと云つたさうであるが、要するに萬般の病症が營養の不足を伴ふ所を見ると、營養を充實することに依つて、身体に活力を得て、病氣の治癒力を增し、從つて病氣を治療することが出來る筈である。

新陳代謝と營養

總べて病者の身体は新陳代謝の機能が衰へてゐるものである。新陳代謝とは諸君も御承知の通り、新らしい營養物質を身体に攝取して、其の作用に依つて充分に生活力を發揮して、身体諸部の老廢物を体外に排出することである。吾人は常に炭酸瓦斯、尿素、尿酸等の老廢物を肺臟、皮膚、腎臓等の排泄器管を通じて体外へ排泄してゐるのである。それでこの新陳代謝の機能が衰弱すると、必然病的物質や老廢物が体内に蓄積して、終に病氣現象を來すのである。而してこの代謝機能を盛んにするには、どうしても各個人の身体が要求する養分を充分に攝取して、吾人の生活力を活達にするより他はないので、此の機能さへ充分であれば、病害に對する抵抗力は極めて强大となり、從つて病氣は治癒するのである。

食治法と自然食物

食治法で營養を取れと云ふのは、美食を用ひよと云ふことではない。これは毎日山海の珍味を恣(ほしいまゝ)にしてゐる彼のブルジョアの多くが、顔色蒼然として身体が瘠長し氣力衰退の狀を呈してゐるのに反して、南京米や燒芋さへ滿足に喰ふことの出來ない勞働者が却つて、顔に紅を帶び元氣に充ち滿ちて居る所から考へても、よく分ることである。それで吾々の身体に完全に營養を供給せんとするには、各人の体質性狀に依つて、各々の身体に不足せる營養分を、自然の食物から攝收して補はなければならないのである。然らば如何にしてこれを補ふかと云ふことになるが、それを話す前に豫備知識として、先づ吾々の身体は如何なるものから出來て居るかと云ふ事を考へて見なければならない。

身体の構成と食物

つまり我々の身体と同じやうなもので出來て居る食物は、尤も大切な食物で、我々の身体の成分以外の食物は、不用なものであると云ふのである。然らば吾々の身体は如何なる成分から出來てゐるかと云ふに、炭素、水素、酸素、窒素、硫黄、燐硅素、クロール、カリウム、カルシウム、ナトリウム、マグネシウム、鉄、沃度、フリオルの僅か十五原素にすぎないのであるそして此等が化合すると、水分、有機物、無機物の三種になるのである。我々が平常用ひてゐる食物は、此等三種の物が色々の形になつて、含まれてゐる。それは蛋白質となり、含水炭素となり、脂肪となり、塩類となり、水分となつてゐる。この五種が即ち食物の原素であつて、此等の物がいろ／＼集まつて米とか、野菜とか、牛肉とか、云ふ風に食品となるのである。それで此の中、蛋白質と含水炭素と脂肪の三種は、熱を發するものであるから、吾々の身体の營養に最も必要なもので、水に塩類は此等の活動を補助するものである。故に我々が食物を攝收する場合には、前三者が適當に混入したものを擇ばなくてはならないのであるが、それには努めて自然に近い食物がよいのである。何も分析表に依つて特別に考へてやる必要はない。

自然の食物

吾々の通常用ひてゐる食物は次の樣に分類が出來る。第一類＝澱粉質、第二類＝砂糖及糊精第三類＝蛋白質（卵の白味、豆類、穀類の麩質、胡桃及び牛乳の蛋白質等）第四類＝脂肪、第五類＝有機的鑛物（鐵、ソディユム、カルシウム、ポッタシユム、マグネシウム、硅素）此等は菓物及野菜等に多量に含まれてゐる。以上の分類中第一から第四迄を混じて半分と第五を半分との割合に食すのが、科學的の原則であるが、些んなことを一々調べて食事をすることは、到底吾々には堪へられないことである。だから我々が、食物を撰擇するに當つては、食物の分析表よりも、我が舌をより多く標準とすることが肝要である。これは要するに吾々の好むものを食べたが良いと云ふことになるが、併しこれは其人の食慾が健全である時のことで、例へば酒、煙草等を用ふるのが習慣となつてゐる人等の如く、其の食慾が病的になつてゐる人にはこの限りではないのである。そこで私共は有害物に對しては如何にこれを好むと雖も斷然これを口にしないやうにしなければならない。

そこで食治法で勸める自然の食物とはどんなものであるかと云へば、努めて自然に近い食物のことである。幼少から米を食べてゐる母の乳を呑み、米を食して大きくなつた我々日本人には、主食としては米が最良である、それもなるたけ加工しない無砂の七分搗か、半搗米が宜しいのである。それで吾々が病氣になつた時なぞに、牛乳や卵をすぐ用ふる癖があるが、これは大なる間違である。幼時から牛乳で大きくなり、大人になつても毎日牛乳を常食としてゐる彼等西洋人にはこれが適當であらうが、吾々日本人にはそんな牛乳よりも米湯か玄米スープの方が、はるかに効果があるのである。次に飯へ胡麻鹽をふりかけて食すことは、非常によいことである。胡麻には植物性の脂肪が多いし、近頃の人達は多く鹽氣の少ない上等の食物を取るから、鹽氣の不足を補ふことが必要である。

副食物は植物性のものが良い、即ち大根、蓮根、人參、牛蒡、里芋、南瓜、蕪菁、葱、蒟蒻豆腐などを、少し鹽氣を强めて煮て食するがよい。野菜類は可成時季の物を選ぶがよいようである。それで味噌汁は毎朝必ず飲むがよい。味噌汁の好きな人が嫌ひな人より丈夫な所を見ても慥かに呑む必要がある。

魚類は、海魚より川魚がよい。海魚は赤身のものよりも白身のもの丶方がよいのである。可成それも骨と共に食べるがよい。海草類は總て之を食するとよい。就中昆布、ひじき、若布荒布等が殊によい樣である。之れは沃土加里を多く含んでゐるから、子宮病の人には殊によいのである。油氣の物を食する時は、必ず大根おろしを添へる事が必要である。漬物は新しいものを食べると下痢を起し易いから、凡て古漬が良いのである。肉類は必ず野菜と共に煮合せて食するがよいのである。

以上は食物の大略であるが、食治法に於ける食物の割合は、飯七割に副食物三割で其の中野菜類が二割に、肉魚類の一割が理想である。

食物の量

これは人によつて違ひ、同じ人でも時に依つて違ふのであるから、これを定めることは出來ないが、先づ人の强壯狀態の場合は、食べれるだけ食べるがよいが、食慾が既に病的となり、正しからざるものを嗜好し、或は味が味へぬ樣な場合には、宜しく斷食すべきである。（斷食法に就いては別著斷食修靈法の編にて見られ度し）

飮水に就いて

水に就いても、野菜、果物、其他の食物より攝收する水分の外、別に水を飮んではならぬと云ふ論と、冷水を飮める丈け飮めと云ふ論があるが、之れも一概にドチラが正しくて、ドチラが不正であるとは云へない。即ち肥つた人で働かぬ人は、成るべく水を飮まぬがよく、瘦せてゐる人、若しくは能く働く人は、水を飮む程よいのである。故にこれらの採否は其人の体質や職業、境遇等より極めるのが至當であると思ふ。

食物の治病的應用

食物の滋養に就いては、世間で可成研究されてゐるが、之を治病的方面へ應用することは、まだ〳〵行き屆いてゐない樣である。それのみか病人の食餌に就いても、今日のやり方は間違つたことが多い樣てある。併し前に述べた樣に、食物の撰擇が身体の保健上に大なる影響があり、病氣の治療に密切なる關係があるものとすれば、吾人靈的治療家と雖も決して是を無視することは出來ない。否それのみか大いに研究して、治療の萬全を期さなくてはならない。修靈道で食治法の一課を加へたのは即ちこの爲めである。

總べて食物には、單に食品となるものと、營養に富んでゐるものと、病人に食させて藥になるものとがある。それで吾々が日常用ひてゐる食物の中如何なるものが、どんなに營養價があり、どんな病氣に適するか、どんな病氣の時はこれを避けなければならないかと云ふことは最も必要なことであるから、以下順を追つて、主要食物の營養價と、治病的効果とを記すことにする。

穀類の營養價と治病的効果

穀類は植物性食品の中で、頗る重要なもので、人類の主食物は殆んど此の穀類である。素より穀類の中にも種々なものがあるが、日本や支那では米を主食物として、麥や粟なぞはその次になつてゐる。然るに歐米諸國では麥がパンとして主に用ひられて、米は一種の副食物とされてゐる。又墺國の南部、西班牙、伊太利の一部土耳古なぞでは、玉蜀黍が主として用ひられてゐる様である。

そこで穀類の成分はと云ふと、大体澱粉が多量であつて、小量の蛋白を含有してゐるのである。又極く小量の脂肪を含んでゐるが、その割合は品によつて異つてゐる。今左に是等の中重なるものゝ治病的効果を記すことゝする。

米…米は日本人には尤も適した食品で、衰弱した病人なぞには、乳や卵よりも米湯かお粥の方がはるかに効果がある。古い書物に「米は五臓を平和にし血氣を補益す」と書いてあるが玄米は脚氣によいし、玄米スープは腸チフス、肺炎、盲腸炎等の熱病に良いやうである。又消化不良の患者には米糀の飯を食はすと非常に良結果を得るものである。

大麥　麥の滋養分は米に比して余りに遜色はない。麥飯は米飯よりも纖維が多くて、胃腸の機械的作用を刺戟するから、胃筋衰弱症や胃腸アトニー症には非常に有効で、常に坐職の人や運動不足の人が用ゐると、便通を促進して頗るよいのである。又糖尿病の人は常に麥飯を用ふるが良い。

小麥…次に小麥は古書に「煩ひを除き、渇を止め、汗を收め、水を利し、血を止む」とあるが、つまり熱病や水腫なぞに宜しいのである。

はとむぎ…はとむぎは昔から食料よりも醫藥に用ひられたものである。多く尿の通じや胃の保健に用ひられてゐるが、殊にこれと木賊(とくさ)と等分に入れて煎じて呑むと疣(いぼ)とり藥になる。又此は肺病の人が粉末にして呑むと非常に効果がある。

粟…粟は米に混じて食用にすれば、下痢を止め、小便の通じを良くし、又筋骨の痛みや痙攣を治し、腫物の下毒に効がある。　玉蜀黍…玉蜀黍(たうもろこし)は脚氣に効があり、又其の粉を湯でねつて食すと便通をよくする。　稗…ひゑは多く食すと身体に害がある。　黍…きびは胃病に良いが多食すれば冷え病を發することがある。　蕎麥…そばは上氣の病、温熱ある人に良し、子宮病の人には宜しくない。以上は穀物の効果の大略で、尙是等の詳細は稿を改めて記すつもりである。

菽類の營養價と治病的効果

菽類は蛋白質と脂肪に富んでゐて、蛋白の含有は植物性食品の中で最も多いやうである。

大豆…だいづは割合に消化が惡いから、直接病者の食物としては宜しくないが、その製品には非常に有効なものが澤山ある。豆腐は消化がよくて、蛋白と脂肪と含水炭素を殆んど等分位に含んでゐるから、病者の食物としては結構である。殊に糖尿病者、脚氣患者には効果がある又豆腐の皮はあらゆる穀類製品中で第一に滋養に富んでゐて、肺結核患者、糖尿病者、脚氣病者、神經衰弱病者には此上もない營養品である。納豆は食物の消化を促進させる機能があるから、食慾不振、消化不良、慢性胃病、老人、病後の恢復期には適當なものである。味噌は多量の糖分と、脂肪と蛋白質があるから、滋養分が非常に多くて、身体を强壯にする効がある。又味噌はニコチンの毒を消すものであるから、日常煙草を用ふるものには、ニコチン中毒を防ぐ効がある。　小豆…小豆は大小便の通じをよくする効がある。小豆を煮た汁は、水腫や淋病や腎臟炎に効がある。　豌豆…えんどうは下痢を止め、小便の通じを良くし、脹滿を治す効がある。靑豌豆は腦神經衰弱症に特効があるやうである。　蠶豆…そらまめは胃筋衰弱症やアトニー症に良く、便秘にも効がある。　隱元豆…いんげん豆は諸毒を消し、子宮病に宜しい。

落花生…落花生は多量の脂肪を含んでゐるから、肺結核で瘠せてゐる人には、非常に効果がある。

根菜類の營養價と治病的効果

根菜類はヂアスターゼを含有してゐるから、澱粉を消化するにはなくてはならないものである。　大根と蕪菁…大根おろしの中へ、水飴を交ぜて食すると痰咳に効がある。消化不良の人は、常に生の大根や、かぶらを食すと非常に宜しい。　大根の種子を煎じて呑むと、肺病や喘息に効がある。　甘藷…さつまいもは便通を良くする効がある。　馬鈴薯…ぢやがたらいもは肉の中の虫を殺す効があるから、肉類と共に煮るのがよい。　里芋…さといもは強壯劑になるから、虚弱な人や生殖障害などには効がある。薯蕷…じねんじやうは古來から山藥として強壯劑に用ひられ、肺結核、病後の虚弱、神經衰弱などに非常に効がある。　葱と蒜…ねぎは感冒に効があり、腦の強壯劑になる。又生葱に味噌を附けて食べると、身体の冷えが溫まり、子宮病や慢性の胃病に宜しい。　蒜は俗にも肺病の藥と云はれてゐる程で、咳嗽や咯痰のある人、肺結核に効がある。　蓮…はすは喘息の發作に効があり、其の實を煎じて呑むと子宮病や、神經衰弱症に効がある。　又蓮の葉は浮腫、吐血、咯血、血便などに煎じて用ふると効がある。　人參…にんじんは滋養に富んでゐるから、虚弱な人や病氣の治り際には非常に宜しい

牛蒡…ごぼうは精力を増す力のあるものであるから、健康者には宜いが、病者には適しない

百合…ゆりは滋養強壯劑で虚弱者や肺病患者に特効がある。　滋姑…くわゐは産後や糖尿病者に特に効がある。　生姜…しようがは消化促進劑として効があるが、心臟病、腎臟病には禁

物である。

蔬菜類の營養價と治病的効果

蔬菜類は凡て水分が多く、蛋白、脂肪、含水炭素等の營養素には乏しいが、鐵、硅素、カルシウム等の鑛物質を含んでゐるから、吾人の生活上になくてはならぬものである。
◎茄子とトマト‖茄子の鴫燒は肺病患者や慢性氣管支の人が用ふると効果がある。併し冷性の人や胃腸の弱い人は用ゐない方が良い。トマトは消化が良く、血液を新鮮にするから貧血の人には非常に効がある。◎獨活と筍‖うどは漢法醫では、風邪、中風、婦人産後の病氣に良いと云つてゐる。うどの根を煎じて呑むと關節の痛みや、手足のしびれを治す効がある。筍は便通を好くし、痰を治す効がある。◎胡麻‖ごまは昔から根の藥と云つて、神經衰弱や、腺病質や結核に効がある。又胡麻油は突傷や腫物の時附けると治る。◎蕨‖わらびは蔭干にして置いて熱の出た時煎じて呑むと解熱劑になる。◎甘藍‖キャベツはヴヰタミンABCを含んでゐるから、血液を新鮮にし、壞血病及び虛弱者に効がある。◎胡瓜‖きうりは水腫を治し、便通を良くする。其の汁は淋病に効がある。◎西瓜‖すいかは熱を取り、小便の通じを良くするから腎臟病に効がある。◎冬瓜‖とうぐわは浮腫を治し、蛔蟲蟯蟲を驅除する効がある。

果實の營養價と治病的効果

果實の中に含まれてゐる主成分は、糖分、游離酸、蛋白質、ペリチン、ゴム質等である。

桃と梅‖桃は血色を良くし、血の循環をよくする効があるが、多食すると胃腸を傷ふ。梅は胸をすかし、心氣を鎭め、胃腸を調へる効がある。梅干を毎朝一粒宛食せば大いに消化を助ける。◎梨と林檎＝梨は熱を去り、痰を治す効があるが、齒の痛む人には宜しくない。りんごは胃の消化を助け、脚氣腎臟病に良く、痔疾に特効がある。◎葡萄と蜜柑＝ぶどうは便秘、逆上神經衰弱、痔疾、肺結核等に効がある。みかんは熱を下げ、腦を休める効がある。其の皮は蔭干にして煎じて服めば、健胃劑になり、發汗劑になる。◎銀杏＝銀杏は肺病者や小便の近い人に効がある。◎無花果＝肺病と下痢に特効があり、其の葉を乾かして腰湯をすると痔疾の治療法になる。金柑＝咳嗽に宜しく、酒毒、魚毒を消す。◎胡桃＝落花生と共に肺病に特効がある◎柿は酒毒を解かし咳嗽を止め、痰を切る効がある。◎榧實＝かやのみは十二指腸蟲、蟯蟲、蛔蟲等腸内の寄生蟲を驅除する効がある。ほうづき＝莖葉根等を蔭干にして用ひると月經閉止に効がある。難産の時實を飮ますと大効がある。◎枇杷＝嘔吐に用ひて効があり、又暑さの障りに葉を乾して煎じて呑むと効がある。バナヽ＝滋養分に富み強壯劑として特に宜しい。此外何れの果實も皆ヴヰタミンを多量に含んでゐるから、血を新らしくする作用があり、老人や虚弱者や、病後の人なぞは適宜に用ふれば非常に營養に成るのである。

海藻類の營養價と治病的効果

海藻類は沃度、石灰分、その他礦物質を多量に含んでゐるし、又近頃の研究に依るとヴヰタミンAを豐富に含んでゐるやうである。

海藻類の中には、骨や齒の主成分に成る石灰質を含んでゐるから、姙産婦や、發育兒や肺結核、虚弱者には非常に良いのである。

◎青海苔‖あをのりは蛔蟲を殺し、痔の病に効がある。◎昆布‖腦病に効があり、胃腸を調へ血液の循環を良くし、子宮病に効がある。其他何れの海藻類も身体の强壯劑と成り變質劑となり、左の諸病に効がある。梅毒、リウマチス、神經衰弱、瘰癧、肺結核、浮腫常習便秘、脚氣痔疾等。

魚貝類の營養價と治病的効果

魚類は脂肪と蛋白質とを多量に含んでゐるから、非常に滋養になる。又消化も良いから病者の食物には適當である。◎鰊‖脂肪分に富んでゐるから、腺病質、肺結核等に宜しい。◎鮭‖風を引き易い人、腦病の惡い人に宜しい。◎鰌‖どぢようは貧血、氣力の乏しい人、結核性患者に特効がある。◎鰻‖貧血、腺病、病後の恢復に効があり、手足の冷ゆる人にも効がある。◎八ツ目‖夜盲症に特効がある。◎鯉‖鯉の味噌汁は產後乳の少ない人に良く、淋病にも効がある。鯉の頭を煮て食すと、耳の病、咳嗽、腫物によろしい。◎鯰‖なまづは小便の出を良くする。◎‖鯖さばは蟲を下し脚氣、夜盲症に効がある。◎鰹節‖鰹節のスープは强壯劑、滋養劑として効果がある。其他魚類は肝臟、ヂストマ等に効がある。

貝類は脂肪分には乏しいが、蛋白に富んでゐて、多量のカルシウムを含有するから、姙產婦小兒などの食品としては至極適當である。

◎牡蠣‖かきは肺結核の如き盗汗の出る病氣や、虚弱の人に特効がある。又腦神經の强壯劑として有効である。◎しぢみの味噌汁は黃疸に宜しい。又貝類には毒を生ずることがあるから、下痢患者や胃腸の弱い者には宜しくない。

肉類と乳汁と卵の營養價と治病的効果

吾々が一口に肉類と云へば、獸肉や鳥肉のことであるが、肉類の味と營養價は動物の年齡、飼養の仕方、食物、生殖作用の有無に依つて異つてゐるが、凡て肉類は脂肪に富んでゐて、蛋白や含水炭素は小量である。而して動物の肉には、病源菌や寄生蟲を含んでゐるから余程氣を附けないと危險である。◎牛肉‖牛肉は脂肪に富んでゐるから、瘠せた人、衰弱した人には良いが、胃腸の弱い人には宜しくない。◎豚肉‖豚肉は營養分はあるが、寄生蟲が多いから病者には適しない。◎鹿肉‖鹿の肉は古來から藥肉と云ふて、血の病には効がある。◎兎‖兎の肉は脂肪がないのでうまくはないが、產婦なぞには好適の滋養品である。◎鶉‖うづらの肉は貧血病を治し又その卵は肺病に効がある。家鴨‖あひるは熱を去り、小兒病に効がある。◎又其の生血は中風の妙藥である。◎鷄肉はその肝臟を夜盲症に用ひて効がある。又强壯劑、滋養劑として好適してゐる。◎雀は陰萎と腎虛に効がある。◎犬の肉は夜尿症や、近小便の人が用ひて効がある。

◎鷄卵‖鷄卵は頗る滋養に富んでゐる。殊に卵黃の中には脂肪を多く含んでゐて、消化吸收も非常に宜しい。又白味は脂肪よりも蛋白の方が多いが、やはり滋養になることは、黃味に劣らない位である。卵にはカルシウム、ヴヰタミンを含んでゐるから、總べての病人に有効である。其の食べ方は、生よりも半熟の方が良いのである。◎牛乳‖牛乳は蛋白質と脂肪と含水炭素を適度に含有して、營養價は充分ある。それに無機鹽類も相當に含んでゐるから結局食品としては申分のないものである。世の中には牛乳を非常に良い藥か何かの樣に信じてゐる人が隨分多い樣であるが、牛乳の治病的効果としては、便通を良くする位のもので、直接病氣に効くものではなくて、衰弱した人とか、病氣の恢復期の人とか、滋養の缺乏してゐる人には、相當に爲めになるものである。

◎砂糖＝砂糖は調味料としてなくてはならぬものであるが、疲勞した時砂糖湯を呑むと疲勞を醫する効がある。それから又熱病、加答兒、憤怒、驚愕、の場合に、これを水に溶かして呑むと清涼劑になる。次に砂糠は体内の粘液を溶解する効力がある。故に加答兒、咳嗽、咯痰を治し、胃腸を清淨にして消化を助ける効がある。◎食塩＝咯血の塲合食塩水をコップに一杯程飲むと出血の止る効がある。又同樣に癲癇の發作前に飲めば、その發作を留めることが出來る又咽喉カタル、氣管支カタルの時、食塩水を吸入すると効があることは諸君も御存知であらうと思ふ、毎朝食塩水を茶碗に一杯宛飲むと、胃腸を强壯にし、便通を良くするのである。又食塩を入れた浴湯は、胃腸病、子宮病、リウマチスに効がある。◎酒＝酒の利害は世の中に定評があるから、略すこと丶するが、治病的効果としては、衰弱、疲勞、憂鬱、氣絶等に効果があるのである。

以上數項に互つて掲げたのは、吾人の食品となる物の大体の營養價と治病的効果であるが、其の用法は、或は煎じ、或は燒き、或は煮、或は生で食べる等種々あるが、是等の用法に就いては、誌上又は稿を改めて御話しすることゝする。兎に角右の記錄を參考として、諸君が患者に對して、食治法を命じたならば、確かに其の効果の大なるに驚かるゝであらう。

修靈道治療之卷終

修靈道傳授教典

修靈道主教述

修靈道臨牀治療法之卷

修靈道臨牀治療法之卷目次

以上

修靈道傳授教典　第四巻

修靈道臨床治療法之巻

修靈道主　溝田文右衛門　教述

修靈道診斷法の解說

治療に先だちて必要なることは患者の精神及肉体に如何なる變動が來てゐるかを診斷することである。現代の醫學的診斷法を見ると精神病科は別として其他の総べてが、解剖生理の方面のみに留意して、精神的方面は殆んど閑却されてゐる樣である。又之と反對に現今の精神療法家なる者は、精神の變化のみに注意して診斷を為し、解剖生理の方面は省みないものが多い樣である。これでは何れにしても一長一短があつて完全なる診斷法とは云はれないのである。

靈的診斷法

完全なる診斷法は右の兩者を甘まく折衷して、尙是等を超越したものでなくてはならないのである。吾人の主張する靈的診斷法が即ち此れである。古來名醫と稱せられた者は、総べて患者に其の症候を問ふことなく、術者自ら之を診斷して百發百中一も誤ることがなかつたさうである。是は其人の經驗にも依るが、又或る方面に於ては、現代の科學的診斷以上に一種微妙なる感知力があつたことは云ふまでもないことである。彼のキリストが人に接すると直ちに其の病氣を云ひ當てたのも、彼の弘法大師が諸國漫歷中幾多の人々の病源を看破して、之に藥法を傳へて庶民を救濟したのも、決して今日の如く聽診や打診や脈診や檢便なぞして、其の診斷を行つた譯ではないのである。然らば其の方法は如何と云ふに其處には云ふに云はれぬデリケイトな察知力即ち靈的診斷の秘訣があるのである。

總べて診斷法には望診、問診、檢診の三種があるが、之は唯普通の場合の診斷法で靈的診斷には之以外に、形式を超越した一種の靈覺的診斷があるのである。患者から發病の源因、遺傳既往症、食欲、便通、睡眠等の狀態を聽取して診斷するのが問診法で、之が一番容易な方法である。又眼、舌、下腹部、脈膊体溫等を調べ、即ち眼が充血してゐるから睡眠不足又は心配事があつて腦が疲勞してゐるとか、舌を調べて赤くただれて居れば熱がある又白くなつてゐれば消化器病で殊に胃が惡いとか、下腹を押へて柔かく萎縮して居て動悸が打つてゐれば、貧血を來たしてゐるとか、又檢溫して平熱三十六度より高ければ熱があるとか、脈は普通大人が七十二位あれば良いが、それより多ければ高熱だとか云ふ樣に身体の各部を檢査するのが檢診法で之は普通醫家の間に行はれてゐる方法である。

不問診斷法

本法は患者に何等症候を問ふことなく、術者自らが其の病症を判定して、病氣の源因を察知する方法である。前述の望診法は本法に屬するもので、其の原理は凡て身体の內部又は精神に異狀を生ずるときは必ず其の外形に顯はれるもので、之を巧みに發見すれば其の內在せる病源を看破することが出來ると云ふのである。(望診法に就いては運命豫言法の編に述べることゝする)又透視、靈覺、靈感等にて患者の病氣を看破することも出來るが、尙之に熟達すれば望診法や檢診法より尙正確に診斷することが出來るのである。眞に靈的診斷をなすにはどうしても此等の方法に通ずる事が必要であるが、之は各自の經驗と修養とに俟つより他はないのである。

虎口の三關法

是は古來より口傳とされた診斷法である。男は左手、女は右手の食指で病氣を判斷する方法である。即ち食指の第一節を風關と云ひ、第二節を氣關と云ひ、第三節を命關と云ふのである右の風關と氣關と命關とを稱して虎口の三關と云ふので、若し患者の指紋を檢した時、其の紋が風關にあれば病は輕くて治し易く、氣關にあれば病は重く、命關にあれば病は既に治し難いのである。又其の三關に顯れた色彩に依つて次の如く其の病源を看破することも出來るのである。其の紋の色が、(一)紫なれば熱。(二)赤なれば傷寒。(三)青なれば驚風。(四)白なれば疳。(五)黑なれば惡氣。(六)黃なれば脾。(七)墨の如く黑き時は必ず死するものである。以上は古傳を參考の爲めに掲げたのであるから、諸君が時に臨んで應用すれば其の適中に驚く事があるだらうと思ふ。

面部の望診法

(一)、左の腮は肝臟に屬す故に其の色が靑いのは順で、白いのは逆である。赤なれば脾肝に熱がある、又黑なれば驚風腹痛等がある。淡紅色なれば潮熱痰咳を患ふものである。

(二)、右の腮は肺に屬す故に其の色が白ければ順で赤ければ逆である。其の赤きこと甚だしきときは、咳嗽喘息を患ひ、其の色が下部へ波皮するときは、尿赤く澁り、通痢惡しきものである。

(三)、額は心に屬す故に其の色赤きを順とし、黑きを逆とす。青黑いときは驚風腹痛痙攣等を患ひ、少しく黃色なるときは盜汗、驚疳、骨熱等を發するものである。

(四)、鼻は脾に屬す、色黃なるは順で、青きは逆である。赤きときは脾臟に熱がある。黑く黃なるときは尿の通痢惡しく、鼻中に患あり。

(五)、頤(おとがい)は腎に屬す故に其の色黑きを順とし黃なるを逆とす。若し赤きときは腎臟と膀胱とに熱がある。

右の望診法は患者の顏面全体を檢し、比較的特色ある所を看破して診斷するのである。人に依りて總じて青白き者と、赤き者と、黑い者と云ふ樣に其の顏色は十人十色であるが、其の中でも何れかの部分が特種の色をしてゐるものであるから、それを巧みに見破ぶる事が必要である。

五診法

五診法は古來よりの秘法で、昔時醫者が虎の卷として其の方法を濫りに授けなかつた爲めに現今此の法を心得てゐる者は至つて稀である。故に之は幾百金を投じても容易に修得することの出來ないものであるから、此際諸君は充分會得して置くことが肝要である。

第一診……先づ患者を仰臥せしめ、術者は其の右側に坐して右手を患者の左右兩乳房の中間に掌面を平坦に置き、少しく壓へて掌面を密着せしめて後、此れを上部に離して見るのである其時皮膚が潤澤にて力があり何んとなく上へ吸ひ付く樣な感じのするものは、病輕症にて他日必ず全治する者である。

若し此際胸上を撫ぜて見て、皮膚が枯渇して掌面の密着しない者は、多く重症で恢復の見込がないものである。

第二診……今度は右の手掌を左の乳下へ當てゝ檢するのである。此の法は頗る緊要なもので此處の動悸の絶えたる者又は其の甚だしき者は必ず死すものである。但し大食大酒の時、動悸の微弱なるは此の限りでない。又精神亢奮驚愕等の時、動悸の激しきもやはり同樣である。

第三診…　次には喉頭の左右の頸動脈を檢するのである。之を檢して微弱なるときは、病が内部に在り、盛んにして強いときは病が表面に顯れてゐるのである。

第四診……此れは左手掌を以つて右の乳下を檢するのである。若し此處の動悸が強い時は遠からず死す者である。

第五診……此れは右の手掌を胸骨劔峯突起の下部即ち鳩尾の所へ當てゝ此處の皮膚の厚薄、强弱を檢するのである。

此處の皮膚薄く弱々しき時は、内臓に疾患がある。又此處を押して硬き者は胃が惡るく柔かきものは消化器が壯健である。

此れで五診法の大略は終つたが、諸君は實際に當つて充分之を活用して欲しいものである。

症候診斷法

主なる症候と病源とを左に掲げて諸君の診斷に便することにする。

◎人事不省を發するものは、腦卒中、腦動脈のエンボリー、腦震盪、腦壓迫、尿毒症、失氣、大酔、ヒステリー、日射病等である。
◎痙攣及び搐搦を發するものは、癲癇、小兒急疳、姙産婦子癇、腦卒中、腦貧血、ヒステリー膜炎、破傷風、尿毒症等である。
◎呼吸困難を發するものは咽頭後膿瘍、食道異狀、氣道異狀、ヂフテリヤ、聲門浮腫、喉頭軟骨膜炎、聲門痙攣、喉頭梅毒、喘息、肺の充血及浮腫、氣管支カタル、肋膜炎等である。
◎胸部劇痛を發するものは肋膜炎、氣胸、肋間神經痛、絞心症等である。
◎腹部劇痛を發するものは胃痛、急性胃カタル、中毒性胃炎、胃潰瘍、胃癌、胆石病、疝痛、腹膜炎、盲腸炎等である。
◎尿蓄積を發するものは腎臓炎、膀胱痙攣及麻痺、攝護腺炎、尿道閉鎖及狭窄、姙娠、子宮後屈等である。
◎便秘及嘔吐を發するものは、箝頓ヘルニヤ、神經性消化不良、腸管の狭窄又は閉塞等である
◎下痢を發するものは急性腸カタル、赤痢、亞細亞コレラ、霍乱等である。
◎黒色便は食物藥劑等に依ることもあるが、腸に出血を來たす時にあるものである。
◎白色便は腸管内の胆汁欠如及びコレラ等の場合に現はれるものである。
◎稀薄なる豌豆色の便は腸チフス特有のものである。綠色便は小兒下痢及び甘液服用後に排泄されるものである。

以上は診斷に必要なる主なる症候と病源を列擧したのであるが、諸君は是等のことは常識として心得て置き、實際に臨んで之を活用すれば、僅かに好都合であらうと思ふ。是で診斷の事は終りにするが、兎に角此れは經驗と應用と靈能とが完備すれば自然に、百發百中の良診斷が

出來る様になるものである。

修靈道臨床治病法各論

(一)、神經系統疾患の療法

(A) 腦諸病

◎腦充血……には實性と虚性の二種がある、實性充血は心悸亢進及び腦軟膜の炎症卒中質の人等に來る。虚性は呼吸器疾患、心臟病等より來ることが多い。前者の塲合は往々精神錯乱を來たし、或は人事不省に陷る事がある。後者の塲合は、不眠又は嗜眠等を來たし、或は精神恍惚となる事がある。經過は槪ね良好であるが、急性にて死を來たすこともあれば充分に注意して療法を施すべきである。

（療法）源因に注意し、安靜を命じ、可成高き枕をなさしめ、頭部に指射法を施し、頸部、腹部、背腰部に接掌法及び靈壓法を爲すべし。頭部及び後頸部に冷濕布を施し、特に酒及刺戟性の飲食を禁じ、胡麻、昆布等を常食に使用せしめるが良いのである。

◎腦溢血……本病は頭部の充血、うつ血、血管の變質等より來る疾患にて、俗に中風とも卒中とも稱するもので、前兆があつて發する時と、又何等前兆がなくして發する塲合とがある。此の病にて卒倒せる患者は神識亡失して、昏睡に陷り、運動、知覺、反射機能を全く消失することがある。又本病患者は多く半身麻痺又は半身不隨を來すものであるが、其の塲合麻痹した側の反對の腦部に異狀があるものである。本病は人に由つて罹り易い者がある、卽ち体質肥滿、短矮にて頸の短い多血なる人に多い樣である。尙ほ本病は遺傳に關係がある樣である。

（療法）先づ靈波發動源に指射法又は接掌法を爲し、次に頭部全体に掌射法を行ひ、頸部肩胛部に誘導法の目的にて靈壓法を施すのである。其の他麻痺せる半側へ興進法の目的にて靈壓法を爲し、最後に心臟部へ接掌又は掌射を試みるのである。

患者には可成安靜を守らせ、發作の際は高枕を爲し、頭を冷却せしめるのである。凡て此の種の人には長き入浴を禁じ、刺戟物及び脂肪質の食物を禁ずるのである。

◎腦貧血……は營養不良、常習下痢、大出血等より發することが多い。本病は往々にして失神狀態に入り卒倒することがある。又時として全身に痙攣を發することもある。併し其の發作は數秒乃至數分間にて鎭靜するものであるが、稀には直ちに死することもあるから、周到な注意が必要である。

（療法）急性患者には凡て頭部を低く下肢を高く平臥せしめ其の衣類を解き緩めて、頭部胸部に冷濕布を施し、後頸部、肩胛部、背推兩側に靈壓法を施し、頭部に接掌法を爲し、全身に掌射法を爲すのである。酒及煙草等を絕對に禁じ、植物性食品及海藻類を食せしめるが良い。

◎腦膜炎……腦膜炎は生後二年乃至七年位の小兒に多く、最初は食氣不振倦怠發熱を來たし、後には痙攣麻痺、昏睡等となり、終には痙攣心臟麻痺等にて死すことが多いのである。經過は概して不良にて、偶々良好であつても病後痴頓となつたり、身体に麻痺又は不髓を來たすことが多い。

（療法）周圍を靜かに爲して病室を暗くし、頭部を冷却し、全頭部に接掌法を施し、頭部に掌射法を爲し、背部及腰部に靈壓法を施すのである。

(B) 脊髓諸病

◎脊髓炎……は身体過勞、外傷、鉛中毒、梅毒、急性傳染病等より發するもので、急性症には腰痛又は背筋の强直發熱等を來たし、慢性症には膀胱及直腸障害を伴ふものである。

（療法）脊柱の兩側に掌射法又は接掌法を爲し、頭部頸部に靈壓法を施すべし、急性症は可成安臥せしめて、脊柱の兩側へ冷濕布を施すが良い。食物は酒其他刺戟物は一切之を禁じて、植物性食物及び魚肉等が最も適してゐる。

◎脊髓癆……は脊髓後索の變性にて源因は過半梅毒より發する事が多い樣である。主として三十歲乃至四十歲位の男性を冐すものである。大要下肢に神經痛樣の疼痛を覺ゆるときと、尙運動の變調を來たして、步行困難、膝蓋腱反射不能等の症狀を呈することがある。

（療法）經過は概して不良なるも、適度の溫浴をなさしめ、脊髓の兩側に指射法、接掌法、靈壓法等を適度に施し、頭部及頸部等に接掌法、全身に互つて掌射法を施せば、相當の成績を擧げる事が出來るのである。

(C) 末稍神經諸病

◎神經痛……は元來知覺神經の機能が亢進して發する症狀にて、其の疼痛を起す部位に依つて三叉神經痛、後頭神經痛、頸膊神經痛、肋間神經痛、坐骨神經痛、關節神經痛等の種別があるが其の療法は何れの部分も同樣である殊に本症は季節に依つて每年連續的に發するものであるから、其の季節に至れば、特別に注意を拂ふことが必要である。

（療法）神經痛の療法は其の疼痛の部位に依つて行ふべきである。疼痛を感ずる神經の鎭靜を圖る目的にて、疼痛部又は其の近傍へ靈壓法を施し、其の神經の主幹部へ接掌法を施すのである。輕症なれば右の法を一二回施せば大底は治るが、重症に至つては相當回數を重ねなければ全治することは不可能である。

後頭神經痛の場合には、頸部、後頭部、胸鎖乳嘴部に施法し、肋間神經痛は多く左側に痛みを感じ、胸廓の運動に依つて疼痛を增激するものである。之は背椎の兩側点に靈壓法を施し、胸部の疼痛部には接掌法を施すが適當である。坐骨神經痛は臀部、膝部、腓骨小頭、足背、足顆等に疼痛を感じ、夜間に疼痛を增すのが常である。時々患脚に知覺過敏或は痲痺を來たすことがある。之には疼痛部に靈壓法及び接掌法を施すは勿論であるが、坐骨神經の起始たる薦骨神經叢の存在する下腰部へ靈壓法又は其他の手技を施すのが適當である。

本症には飲酒は特に之を禁じ、生姜、芥子、山葵等の刺戟性食品は絕對に避け、疼痛部の運動及び勞働は可成見合せなくてはならない。血行循環を助け、患部の排泄作用を旺盛にする爲めに入浴も相當に爲すが良い。

◎神經痲痺……は主に運動神經の痲痺せるものを云ふのである。其の痲痺せる部位に依つて、顏面神經痲痺、眼筋痲痺、橫隔膜痲痺、背筋及腹筋痲痺、股神經痲痺等其他多種あるが、就中最も多いのは顏面痲痺である。顏面痲痺は左なり右なりの半顏面へ痲痺を生ずる事が多く、一名口眼喎斜症とも云つて口がゆがむものである。其他本症に罹つた時は、神經官能が全然不能に陷ることもあるし、神經官能が減弱することもある。

（療法）凡て神經痲痺を來した時は、それを刺戟して興進させる目的を以て患部又は神經主幹へ靈壓法又は接掌法を施すのが適當である。努めて心身の平靜を保ち、神經の過勞及び激怒する等の事を避けなければならぬ。又は患部へ溫濕布（可成熱く）を施すも宜しい。食物は刺戟物を一切用ひない樣にするのである。

（D）一般神經病

◎神經衰弱……は文明病とも云つて近時非常に多い病氣であるが、神經過勞、過房、手淫、中毒其他諸種の疾患の副症狀として發するものである。之には腦髓性と脊髓性との二種あるが、此の二種を併發することもある。腦髓性のものは頭重、頭痛、健忘、不眠、便秘等を來たすのが常で、脊髓性のものは、筋肉に疲勞を覺え、步行の際腰部に疼痛を訴へ、脊椎骨を指壓すると疼痛を感ずるものである。

（療法）本病の者は必ず不正体の箇處があるものであるから、それを矯正して、常に正しき姿勢を保たせ、氣合療法で心氣を轉じ、頭部、頸部、背部、腰部等に接掌法及び靈壓法を施し、又便秘を來たしてゐる者には、腹部に接掌法を行ひて便通を促進せしめるのである。酒及刺戟物は一切之を避け、足部に浸水法又は早朝素足で草の上を步行することを勸むるが良い。

◎ヒステリー……は現代婦人に尤も多い時代病である。婦人病、精神過勞、强度の失望等より發するものであるが、其の發作時には全く精神病者の樣な狀態になつたり、時としては神識喪失、人事不省に陷ることもある。又悲憤哀憂等の精神感動を起したり、痙攣、知覺痲痺を來たすこともある。

（療法）本病患者も不正体者が多い樣であるから、其の矯体法を行ひ、氣合療法で心氣を一變するが必要である。其の源因に依つて、靈波傳動又は靈壓法を施し、又全身の掌射法を行ふ事も重要なことである。ヒステリー患者には足部の浸水法が非常に有効である。又常に便秘を來たすものには、每朝コップに一杯宛冷水を呑むことを勸めるのである。刺戟性食品はこれを避け植物性食品及海藻類の攝收が必要である。

◎癲癇……は全身痙攣、卒倒、人事不省、口内泡沫、等の發作を間歇的に起すものにて、精神の衝動、興奮等に依つて益々重症に陥らしめるものであるから、努めて心身の平靜を圖ることが必要である。故に是が家族等患者の周圍に在るものは、病者に對してこの疾患に對する懸念心配を示さざる樣に爲すべきである。

（療法）第一に身体並に精神的の過勞を避けるのである。本症にも氣合術及矯体法の應用が尤も有効である。後頸部及脊椎両側の靈壓部及靈波傳動或は靈光線放射等も有効である。

　刺戟性の飲食物を禁じ、圍碁、將棋、讀書等神經の興奮することを避け、腰から下の冷水浴又は摩擦等が有効である。

◎舞踏病……は身体發育期の病氣にて、三四才より十三四才に至る迄の女兒に多し、腸寄生蟲貧血、ロイマチス、心臓病等に併發することが多いのである。偶まに姙婦に發することがある是を姙婦舞踏病と云ふ。概して本症は外國に多く、我國には稀である。症候は隨意筋に起る不隨意的の筋縮であつて、種々異樣奇形な痙攣を爲すものである。經過は概ね良好である。

（療法）閑靜な所に住居し、魚肉、海藻類等を食せしめ、精神身体の過勞を避け、適度の運動を命じ、頸部、背部、腰部等に接指法及靈壓法を試み、頭部に掌射法又は指射法を行ふべきである。

◎頭痛……には偏頭痛と徵候性頭痛との二種がある、腦髓疾患傳染病中毒病等の疾患に隨伴して其等の病氣の一徵候として發するは後者に類し、遺傳其他慢性疾患が首源因となつて、常に頭痛其のものが獨立して發症する時は、それを偏頭痛と稱し即ち前者に屬するのである。

（療法）本症には氣合療法が特別効果を奏することがある、併し徵候性頭痛に對しては、其の源因となる疾患の根本的療法が必要である。概して頭痛には、前頭部、後頭部に接掌法を施し肩胛部には誘導法の目的で靈壓法を爲し、腹部及び腰部には便秘を豫防する爲めに、接掌法及靈壓法を施すべきである。次に足部へ浸水法又は灌水法を爲すが良い。

◎精神病……は現代の醫學では不治の病氣とされてゐるが、之を氣合療法に依り、潜在意識又は二重人格に對して强烈なる暗示を施せば容易に良結果を得ることがある。又患者が至極靜穩なる時は、頭部に接掌法又は掌射法を試み、脊椎部腹部に指射法を施せば、尚好結果が得らるゝのである。又若し患者が術者に接する事を好まない時は、遠隔にて靈光線の放射をすれば、之又偉大な好果を得るものである。精神病者の治療には周圍の事情が非常に影響するものである。例へば家族の中で患者に逆らふ人があつたり、患者の好まない者が常に患者の近傍にゐるのは良くないのである。又患者の近傍にゐる家族は努めて平氣を裝つてゐる事が肝要で、假りにも患者を疑ふ樣な口紛をもらしたり、蔭口を言つたりすることがあつてはならないのである又近時精神病院などが所々に健設されて、盛んに患者を收容してゐるが、本當に患者の病氣を治療すると云ふ点からすれば、之へ患者を收容する事も面白くないのである。彼の病院は精神病者を監視し、監禁して置くには至極良い機關かも知れないが、之を治療するには余りに不完全であり、不合理であると思ふ。之は環境に支配され易い同病者を、同類の集合せる病院の中へ投じても、決して良い感化は受ける事が出來ないからである。

二、呼吸器病の療法

(A) 氣管支病

◎氣管支カタル……には慢性症と急性症との二種がある。急性は惡寒發熱頭痛咳嗽喀痰等の徴候あり、慢性は熱候なく常に咳嗽を發して粘痰を喀出し、往々胸内に灼痛を發し呼吸常に不利なるを主候となすのである。

（療法）煙草其他刺戟物を避け、急性の時は臥蓐及發汗を命じ、溫き食物を與へ、頸部胸部に濕布を施すのである。胸骨上窩及後頸部背部に接掌法を施し、頭部に接指法を施すべきである

◎氣管支喘息……は迷走神經の刺戟に關する發作性の氣管支筋及氣胞の痙攣或は横隔膜痙攣である。夜間の發作的咳嗽及呼吸困難あり黄色又は黄綠色の喀痰を排出す。

（療法）本病には轉地療養が最も有効である。煙草又は刺戟性の食品を禁じ、咳嗽激しき時は頸部に溫濕布を施すべし。胸部、頸部、上背部に接掌法又は靈壓法を施すべし。

◎百日咳……は一歳乃至六歳位の小兒に發し。秋冬の候に感冒と併發することが多い。初期十日間位は性質不良の咳嗽を發し、連續的に痙攣性咳嗽を發するのである。衂血又は結膜充血を起すこともある。

（療法）發熱及衰弱あるときは臥褥を守らしめ、常に新鮮なる空氣を供給し、又冬季室内の空

氣が乾燥せる時は、湯氣を立たして其の空氣を濕潤せしめる事が肝要である。食物は少量宛數回に與へる樣にするのである。胸部、腹部、肩胛部に接掌法及掌射法を施し、頭部に指射法を爲すのである。

(B) 肺諸病

◎肺炎……にはコロープ性とカタル性との二種がある。コロープ性肺炎は十二月より五月迄の間に多く、重球菌の寄生に依りて發するものである。カタル性肺炎は痲疹、百日咳、感冒、チブス等に併發するもので、小兒又は老人に發し易いのである。

（療法）室內衣服共に平等の溫度を保たせ、胸部に冷濕布頭頸部に冷灌水を施し、脊部及胸部に接掌法又は指射法を施すべし。食物は野菜スープ、豆乳等を用ふるを可とす。

◎肺結核……は之を三期に分つことが出來る。第一期は肺尖に於けるカタルの徵候、第二期は肺尖の浸潤、第三期は結核が肺中に傳播せる時期にて多くは崩壞の徵を呈するものである。多く肺病患者は特有の外貌を爲すものである。即ち顏面蒼白にて瘦削し筋肉弱く骨格枯立して長く狹く平なる胸廓を有するものである。而して其の症狀は咳嗽咯痰あり、脈數呼吸數は屢々增加し、時々發熱ありて盜汗を催す。

（療法）本患者は常に安靜を要し、新鮮なる空氣を呼吸し、住居は日射を充分に成し、淸潔にするを必要とす。殊に本患者の運命は胃の健否にあるから、勉めて之に注意し、食物等も可成り一方に偏することなく多くの種類を混食し努めて營養價の多きものを撰ぶことが必要である。又本病者は多く神經衰弱症を併發してゐるものであるから、其の精神狀態は病症に深い關係のあるものである。だから氣合術を應用して患者に慰安と治癒の希望とを與へ、胸部、頭部等に接掌法又は指射法を施し、胃の强壯を圖る目的にて腹部腰部に接掌法又は靈壓法を施すのである。又本病患者の喀血するときは、食塩一匙を小量の水に溶かして服用すれば止血するものである。又肺病には、酒、煙草、酸味性食物、刺戟性食物、劇性の藥劑等を禁じ、心身過勞し易き勞務を避け、殊に嚴禁しなくてはならないのは房事である。世の人達が年を取つた者の肺病は比較的長生きが出來るが、若い者は速かに死ぬなぞと云ふのが、即ち此の爲めである。肺病患者に情慾は禁物である。

◎肋膜炎……には乾性肋膜炎と濕性肋膜炎との二種がある。前者は呼吸時に胸部へ刺痛を感じ後者は惡感を以て始まり、中程度の弛張熱を呈し、呼吸困難、輕微の咳嗽を發す。又患側の胸は擴張して肋間平坦となり、患者は初期には患側を下にして臥すものである。又後者は化膿する事があるのである。

(療法)病側の患部に溫濕布を施し、食物は脂肪質のものを避けなければならない。即ち牛乳や肉類が宜しくない。だからこれ等の代りに豆乳、米乳、野菜スープ等を用ふるが良いやうである。本症には氣合療法を主に應用し、原因及び强壯療法として胸部、肩部、背部、腹部等に接掌法を施し、頭部に指射法を施すのである。

(三)、消化器病の療法

(A)　口腔及び食道病

◎咽頭カタル……は俗にのどけとも云ひ、春秋冬季の寒冷の候に多く、概ね感冒に起因するものである。咽頭に乾燥　痒灼痛を感じ、膠様の分泌物を略出し、咽頭の粘膜は青赤色又は灰白赤色に腫起するのである。

（療法）本症は速かに醫療を勸めるを良とすれども、頸部に接掌法を施すも敢て無駄なことではないと思ふ。

◎扁桃腺炎……は多く感冒に起因し、其他腺病質、結核質の小兒に多し。扁桃腺が腫脹して其部に疼痛を發し、其他發熱頭痛呼吸困難を來たすことがある。

（療法）頸部に温濕布繃帶を卷き、刺戟性の食物及び煙草を嚴禁し、背部頸部扁桃腺部に接掌法又は指射法を施すのである。

◎耳下腺炎……は主に小兒又は若年者を犯し多く片側の耳下腺部の疼痛及腫脹咀嚼困難等を來たし、化膿するは稀である。但し發熱甚しき時は、膀胱カタル及腎臟炎を併發するおそれあれば注意しなくてはならぬ。

（療法）局部に熱濕布をするか、疼痛甚しき時は冷却し、接掌法を行へば全治するものである

◎食道病……には食道炎、食道狹窄、食道擴張等の病症がある。食道炎は稀に見る疾患にて近部炎症其他慢性疾病に併發するものである。

食道狹窄は尤も多く癌腫に起因し、食道周圍の壓迫により或は食道筋の痙攣より發するものである。食道擴張は食道狹窄の上方に發するを常とするもので、概ね前者と同樣な源因に依るのである。

（療法）食道疾患は常に流動性或は半流動性の食物を與へ、全食道に沿ひ胸部に接指法を行ひ

肩胛部に靈壓法を施すのである。

(B) 胃腸病

◎胃加答兒……には急性と慢性との別あり、急性症は之を食傷とも云ひ、主に不攝生不良食物等より來るものである。慢性症は之を胃弱とも云ひ、急性症より變じ來る事と、肺病、心臟病等に併發する事がある。本病は何れも食慾不振嘔氣嫌食胃病等を來たし、舌に苔を生ず、稍々重症の者には發熱頭痛又は下痢を來たす事がある。又時としては黃疸を併發することもある。
（療法）凡て胃病には脂肪質又は刺戟性の食物が宜しくない。殊に飲酒喫煙等を避け、可成柔軟な菜食が適當である。腹部に溫濕布を爲し、食塩を混じて、脚浸湯を行ふが宜しい。腹部に接掌法、腰背部に靈壓法を施すべきである。
◎胃潰瘍……は多く若年の女子に來り、塩酸過多症及萎黃病より發するものである。症候は最初は全く欠如し、突然吐血又は消化不良を發するのが常である。
（療法）安靜療法を主とし、三四週間は嚴重な臥褥を命ずるのである。腹部に濕布を施し專ら流動性無刺戟の食餌を取らしめ、腹部に接掌法背部腰部に靈壓法及接指法を施すべし。
◎胃癌……は四十歳乃至七十歳迄位の者に多く發し易いのである。初めは食思欠損消化不良便秘等を來たし、後に胃痛と嘔吐を發するのである。胃の遊離塩酸欠乏して舌に苔を生じ、一年乃至三年位にして漸次衰弱して遂に死すのが常である。
（療法）食物は菜食を勸め、可成轉地療法を成し、脊柱の兩側及胃部に接掌法を爲すのである
◎胃痛（胃痙）…… 神經衰弱、ヒステリー等より來ることが多い。胃部に發作的の痙攣様劇痛

を發し、往々卒倒或は筋痙攣を起すことがある。激痛の時胃部を強く靈壓すれば直ちに輕快することがある。

（療法）腹部及腰背部に靈壓法又は接掌法を施すのである。但し患者が激痛を感ずる時は胃部にA壓法を爲すべきである。

◎腸カタル……本病にも急性と慢性との二種がある。急性は不攝生及感冒等より發し、慢性は急性症より轉じ、又肝心肺等の病に併發するものである。腹痛、下痢、雷鳴等を發し、時には頭痛を伴ひ体溫三十九度位に達することがある。

（療法）腹部を溫包し、脂肪質並に刺戟性食物を避け、腹部に接掌法、頸部腰部に靈壓法又は接指法を行ふのである。急性には短期の斷食を爲すと効果がある。

◎常習便秘……は營養不良、坐業等にて運動不足の者、一般に身体衰弱せる人に多く發し、結便して便通惡しくなり、終には痔疾吐糞病等を發するのである。

（療法）毎朝起床直ちに食塩水をコップに一杯服用し、食餌は可成種類を交換して用ひ殊に植物性食物を用ふるのである。下腹部に接掌法、全腰側に靈壓法を施し、頸背部に接指法を爲すのである。

◎盲腸炎……は突如右腸骨窩に劇痛を起し、惡寒、發熱し、嘔吐便秘腹部膨滿等を伴ひ食慾が減少するのである。

（療法）患部に冷濕布を施し、腸骨部薦骨部下腹部等に接掌法を施すのである。

◎痔疾……は中年の男子に發し遺傳する事が多い。肛門の内外に痔結節を生じ、時々破裂して出血し、或は發作性の劇痛を發し、或は常に粘液の漏洩を致すのである。輕病は便通に當つて肛門括約筋の痙攣を起し、疼痛を發するのみであるが、重症は疼痛甚だしく痔結節は暗黑赤色となり腫脹して硬く之を指壓すれば疼痛忍び難く便通困難となつて往々出血し粘液便を下すことがある。

（療法）其の原因に注意し、多血強壯のものには消化し易き植物性食品を與へ、營養不良の者には不足せる營養價を補ふのである。酒精芥子胡椒等の辛酸刺戟物を禁じ、過度の運動房事を戒め、便通後は毎回患部を洗滌せしめるのである。又患部に温濕布を施すも有效である。腰部薦骨部に指射法又は接指法を施し、殊に此の患者には不正体者が多いから不正部の矯正法も爲すべきである。

◎症痛……は臍部から腰部へかけて激甚なる疼痛を感ずるもので、顔色蒼白皮膚冷却冷汗等を發するものである。而して嘔吐脱糞放屁等に依つて治癒することもある。

（療法）腹部を温包し、腰部に靈壓法腹部に接掌法を施すのである。

◎腸寄生虫病……（一）、絛虫には有鉤無鉤裂頭の三種あり、本症は嘔吐、便秘又は下痢を來たし殊に早朝飢餓の感がある。其他鼻孔肛門に　痒を感ずるのである。（二）、蛔虫は其の形狀蚯蚓の如く色は白又は帶褐黃色である。本症は食慾欠損又亢進あり、熱不同にて精神不快を來たし、又時々該虫を吐き或は下すものである。（三）、蟯虫は白色狹小の寄生虫である。大腸殊に盲腸及直腸に住み、夕刻遊行し痒感又は神氣不穩を起すものである。

（四）、十二指腸虫は形狀白色の圓虫にて、本症の初期は主に消化器病の症狀がある。次に食味變調心悸亢進呼吸困難等を來たし、皮膚は貧血を呈し、水腫を來たすことがある。尚ほ增進する時は胸水腹水等を起すものである。

(C)　肝脾臟病

◎肝臟充血……には靜脈充血及動脈充血の二種がある。肝は增大し平面は平滑にて硬固となる又胃腸加答兒を併發し、腹水黃疸等のあることがある。心下壓重し、右肩胛部の緊張疼痛等があるのである。

（療法）腹背部に接掌法、下腹薦骨部に靈壓法を施すべし。

◎黃疸……は寒冒、腸胃カタル等の波皮に依つて肝部腫脹して胆汁の排泄困難となつて來ることが多い。其他胆石病寄生虫等より發することもある。黃疸にて皮膚粘膜に黃色を帶び、脈膊遲徐倦怠食慾不振及肝の腫大壓痛等を來たすのである。

◎脾臟病……左季肋部の肥大を來たすものは多く脾臟に疾病がある。傳染病等の際仝症を併發することがある。脾臟の疾病には、脾出血性硬塞、脾炎、脾破裂等種々あるも、右症は概ね他の疾患と併發するもので、唯單獨に發することは稀である。

附　腹膜病

◎腹膜炎……は凡て腹膜に被はれてゐる臟器の疾患より來ることが多い。之には凡發性と限極性との二種がある。本症は腹痛、惡寒、發熱、等がある。往々結核性のものがあるから注意して誤診のない樣になすべきである。

（療法）。先づ患者には仰臥安靜を命じ、腹部を溫包して、刺戟食物は一切之を禁じ、腹部に接掌法及掌射法等を施し、腰部に指射法を爲すのである。

◎腹水……は肝臟硬變、心臟炎、呼吸器病又は一般に病的衰弱を爲すものに多く發す。俗に脹滿とも云つて、腹部が溜水して彭大するのである。靜脈怒張又は消化不良等を發するのが常である。

（療法）食治法に留意し、腹部背腰部に接掌法を爲すのである。

四、血行器病の療法

◎心臟內膜炎……は寒冒チフス、ヂフテリヤ等に併發することが多い。急性炎は惡寒、發熱、昏睡、脾臟腫大等を來たし、次急性は心部に壓重呼吸困難等を來たすものである。

（療法）安靜を命じ過激運動を禁じ、精神を安靜に爲す樣に暗示を爲し、心部に冷濕布を施し肩胛部脊部、等に接掌法を施すのである。

◎心臟痙攣……ロイマチス、子宮病、ヒステリー等より發することが多い。發作收縮性の心部疼痛、胸窄を自覺し、脈博の絕止等を來たし、夜間苦痛を訴ふることがある。

（療法）喫煙、飮酒其他酢芥子等刺戟性食品を禁じ、植物性食物を取らせるのである。濕布を以て心部及上肢を輕擦し、脊部胸部腰部等に接掌法を施すのである。

◎僧帽辨不全閉鎖……心尖に於ける收縮時雜音肺動脈第二音の强盛第二心室音盛等の症候を呈し、右胸骨緣及び其以上に到る心少衝突の增劇がある。

（療法）過度の勞働を愼み精神の亢奮を避け、熱浴を固く禁じ、食物には香味料及酒茶等を廢し、植物性食品を用ふるのである。胸部に掌射法、脊部、腰部に接掌法を施すのである。

◎心筋炎……四十度以上に熱發し、屢々胸部に壓感及痛感を訴ふ、心臟は通例擴張するものである。又往々浮腫を發することがある。

（療法）轉地療養、炭酸浴等卓効がある。脊部腹部等に接掌法を施すのである。又食物は一切の刺戟物、脂肪質等を避け、植物性食品殊に海藻類を用ふるのか良いのである。

◎心臟痛‥胸部に激痛又は苦悶を發し、發作中致死することが稀ではない。健全なる人にでも神經性に發することがある。

（療法）痛部に冷濕布を施し、脊部腰部に靈壓法、胸部に接掌法を施すのである。

此の外心臟病には心臟麻痺、心囊炎等があるが、其の療法は概ね前述の方法を應用するのである。

（五）、泌尿生殖器病の療法

◎腎臟炎……には急性慢性の二種あり、發熱頭痛、腎部疼痛、水腫、尿量減少し、蛋白尿を催するものである。

（療法）安臥靜息を命じ、肉類等の脂肪質は之を禁じ、野菜スープを用ふるのが良い。腹部、腰部、薦骨部に接掌法を施すのである。

◎膀胱炎……は細菌の感染に因るものが多い。急性症は劇しき尿意頻數を來たし、膀胱部に疼痛を訴へ、通常悪寒發熱を伴ふものである。慢性症は輕微の尿意頻數及び疼痛を來すが、熱は中程度にて患者は漸々衰弱するものである。

（療法）平臥安靜を命じ、膀胱部に溫濕布を行ひ、又腹帶をなさしめるのである。刺戟性食物を禁じ便通を附けるのである。又腰部骨盤部恥骨部等に指射法又は接掌法を施すのである。膀胱病には此の他痙攣、痲痺等の症があるが、其の療法は本症と殆ど同樣である。

◎睾丸炎……は淋毒梅毒等より來ることが多い。本症には單に睾丸炎と副睾丸炎との二種がある。淋毒性のものは激しい腫起疼痛を發するが常であるが、梅毒性のものは右症候が輕微である。又結核性のものは疼痛がなく、膿瘍に陷ることが多いのである。其他發熱輸精管炎精系部及び鼠蹊部に腫起劇痛を併發することがある。

（療法）靜臥を命じ、適宜の方法にて睾丸を高擧し、疼痛部に温濕布療法を施し、恥骨部薦骨部鼠蹊部に指射法及接指法を施すのである。

◎陰囊水腫……は急性に於ては患部に潮紅腫脹疼痛を發し發熱を伴ふもので、慢性症は彈力性腫瘍腫脹を呈し概ね光線を透射することが出來る。

（療法）安靜を命じ、患部に冷濕布を爲し、腰部腹部に接掌法及指射法を施すのである。

◎遺精症……は手淫、情慾興奮、神經衰弱等より來ることが多い。

（療法）手淫の害を說得し、品行を正さしめ、晩食を制減し、寢褥の下敷には硬い蒲團を撰び被褥に輕易な物を用ひ、早朝起床して野外を散步し、生殖器亢奮過勞等を避けるのである。本症の療法には氣合療法が尤も効がある。患部に温濕布を施すもよい。腰部臍部に指射法を施すのである。

◎遺尿症……全身虛弱、消化器病等に續發するのである。本症は睡眠中に識らず知らず放尿するものである。小兒に於ては生理的に屬するが、稍成長したる者に於ては保育者の不注意より來ることが多い。併又膓寄生虫及び肝腎等の疾患より來ることも少くない。

（療法）本症も氣合療法が特に有効である。小兒は教育法に注意し、就床前に飲食を禁じ、必ず就眠前に排尿せしむる様に命ずるのである。腰腹部、薦骨部等に接掌法及指射法を施すのである。此の外其の源因に留意し、適當の食治法を命ずるのである。

◎淋疾……不潔の交接に由つてゴノコッケンの侵襲するより發するものである。急慢二症の別がある。慢性では殆んど疼痛なく膿漏稀薄にて少量であるが、尿道狹窄症を起すことが多い。急性では膿漏甚だしく尿道口の週邊が焮赤腫脹し、放尿時に劇痛を發するものである。

（療法）安靜を命じ、冷濕布を施し、不攝生を禁じ、酒類及刺戟性食物を廢し、背腰部、下腹部等に接掌又は指射法を施すのである。急性症は氣合法が非常に有効である。

◎梅毒……には遺傳梅毒と後天梅毒との二種がある。前者は其の父母等より梅毒菌が遺傳するもので、後者は不潔な性交等にて他より傳染するものである。遺傳症は全身薄弱にして、足跖紅圍等赤色にて光澤を放ち、鼻孔充塞を來たすのである。後天症は一期二期三期に分ち、多く陰部に硬性潰瘍を發するのが第一期にて、屢々發熱し、淋巴腺の硬結性腫大が蔓延し、外淋巴腺が悉く腫脹し、粘膜皮膚等に著明の變化を見るのが第二期である。第三期は皮膚筋肉關節骨質等に異狀を來たすものである。

（療法）本症は醫療に委ねるを可とす。

(六)、婦人病の療法

◎乳腺炎……は乳房の咬傷潰瘍等より膿菌が乳腺内に浸入して發するもので、授乳中の婦人に多き病である。乳房内に硬結を生じ、疼痛甚だしく其後腫脹潮紅等を加へ、遂に自潰して膿汁を排出するのである。

（療法）温包法を爲し、吸出器にて乳汁を吸出し、乳房の附近に接掌法又は指射法を施すのである。

◎乳房痛……は乳房の神經痛で乳汁過多、ヒステリー生殖器病より發するのである。

（療法）乳房を温包し、其の附近及び背部肋間等に接掌法を施すのである。

◎無月經……は全身病重症恢復期奇形子宮及卵巣疾患等に來るもので、又神經性のものは精神病神經衰弱等より發することもある。症候としては例時に月經なく、或は中途にて閉止し、時として月經時に頭痛腰痛を來たす事がある。

（療法）本症患者には骨盤に不正形が多いから第一に之を矯正し、氣合療法にて通經の暗示を與へ、便通を良くする植物性食品を取らせ、温湯法、又は温包法を施すのである。腰痛薦骨部及下腹部等に靈壓法及接掌法を施すのである。

◎月經痛……月經時に下腹部に發する神經性疼痛である。之は子宮頸管の狭窄或は屈曲等より來る事が多い。

（療法）刺戟性食物を癈し、下腹部に温包法を行ひ、興奮を避け、安静を命じ、腰部、薦骨部下腹部等に靈壓法及び接掌法を施すのである。

◎膣カタル……膣粘膜の炎症充血壓痛疼痛等を起すもので、子宮疾患、過房等より來ることが多いのである。

（療法）急性症には冷包法を行ひ、刺戟性食物を禁じ、酸性飲料を與へ嚴に交接を戒め、腰部薦骨部下腹部等に接掌法及指射法を施すのである。

◎卵巣炎……は卵巣部の劇痛、便秘、不眠等を起す。全身病、過房、子宮病等より來ることが多い。

(療法) 安息を命じ、濕座浴、溫包法を爲し、腰部下腹部等に接掌法又は指射法を施すのである。

◎子宮實質炎……は子宮充血を惹起し、惡寒發熱、下腹劇痛、子宮の知覺過敏、便秘、白帶下等を來たすものである。療法は卵巣炎と同樣である。

◎子宮內膜炎……急性症は惡寒發熱を以て始まり骨盤內に壓重を感じ、稀薄漿液性の膿液を排泄するのである。慢性症は多量出血、分泌の變化下腹部の疼痛等を來たす。

(療法) 安臥を命じ、溫坐浴、溫包を行ひ、腹部、腰部に接掌法或は靈壓法を試み、恥骨部に指射法を施すのである。食物は植物性食品及び海藻類を用ふるのである。

◎子宮外膜炎……は子宮實質炎の波及或は淋毒等より發するのである。高熱、嘔吐、下腹痛等を來たし、滲出物の化膿することがある。

(療法) 急性症には安臥せしめ、鼠蹊部に冷濕布を爲し、下腹、腰部に接掌法を施すのである

◎子宮筋腫……出血或は疼痛を來すものである。

一、間質性筋腫は子宮增大し、月經困難、前屈及後屈喇叭管閉塞を起し、月經時外にも出血するのである。二、漿液性下性筋腫は分泌過多又は出血を發し、膀胱直腸を壓迫するのである。

三、粘膜下性筋腫は分泌過多及び出血を來たし、月經困難を發するのである。

(療法) 本病の根治は外科的手術にて摘出するのが良い。併し腰部下腹部薦骨部に接掌法及指

射法を施すことも相當の効果を得るもので、癌腫、悪性腫瘍を起さないものは凡て經過が良好である。

(七)、五官器病の療法

(A) 眼病

◎結膜充血……は結膜の血管充血を來たすもので、乾燥の感及頭痛等を訴へ、涙液增多を發するのである。

(療法) 刺戟性食品を癈し、腦部、後頸部、肩胛部、眼瞼周圍へ接指法及靈壓法を爲し、眼瞼を閉ぢさせて眼部へ指射法を施すべきである。

◎結膜炎……には濃漏性、カタル性、クルップ性、ヂフテリア性等の數種がある。之は俗に血眼とも云つて春秋二期に流行する事が多いのである。急性症では眼瞼赤腫熱痛を爲し、眼瞼結膜充血腫脹し、重症なる時は結膜下溢血を發するものである。

(療法) 酒、刺戟物、肩の凝る樣な仕事は一切避け、眼部に溫濕布を施し、前項と同樣な靈壓法を施すべし。

◎角膜炎……は角膜溷濁、羞明、疼痛、水泡、潰瘍、蓄膿等が主なる徵候である。

(療法) 其の源因に依つて續發性なるか、特發性なるかに注意し、保護眼鏡を使用せしめ、全身を安靜にして、肩背部眼窩の周圍に靈壓法及指射法等を施すのである。

◎夜盲症……眼底變狀なくして來るものは營養不良又は强烈なる光線に基くものが多く、又分娩前後に發するものがある。併し多くは夏期に幼者に發するのである。

（療法）本症は氣合療法を主として應用し、鶏肝、牛肝、肝油等を食治法に使用し、頭頸部、及脊腰部に接掌法及靈壓法等を施すのである。

(B) 耳病

◎外聽道炎：　源因は醸膿菌の侵襲に依るものが多い。局所性のものは皮膚潮紅腫起疼痛を發し、其の頂点に黄色の膿点を現はし、次いで破潰して膿汁を出すものである。汎發性のものは緊張灼熱耳鳴甚痛等を伴ひ、通常三四日の後諸症輕快に向ふものである。

（療法）疼痛のある場合には、耳根の周圍後頸部等に接掌法及指射法等を施すのである。

◎中耳炎：　には急性と慢性とがある。又其の中にもカタル性と化濃性との別がある。カタル性は疼痛耳鳴充塞の感聽覺減少を發し、一日乃至數日にて鼓膜穿孔分泌液を排出して諸症が輕快に向ふものである。化膿性のものは劇痛、耳鳴、頭痛等を發して小兒等は發熱高度に達することがある。

（療法）本症も、酒、刺戟物等を禁じ、耳根部に冷濕布を行ひ、凡て硼酸水等にて耳内の分泌液を洗滌し、肩背部に靈壓法、耳根の周圍に接指法及指射法等を使ふべきである。

(C) 口内病

◎齒痛……　齒牙カリエン（むしば）及び寒熱刺戟等にて疼痛を發するものである。

（療法）微温湯にて口腔内を洗滌し、下顎上顎等へ接指法及び指射法等を施すべし、本症は三又神經の神經痛であるから、輕症なれば一指をも觸れず一喝の氣合にて治すことも出來るのである。

八、全身病の療法

◎關節ロイマチス……は一種の傳染毒の侵入にて發する病症にて、殊に感冒に誘起する關節部の疼痛である。本症は十五年以上四十年間の人に多く發し、關節の腫起疼痛發熱皮膚の濕潤尿の强酸性赤色沈渣等を來たし、急性症は必ず心臟內外膜の炎症或は胸膜炎を併發するものである。慢性にては幾多の關節を冐すことは稀で熱候なく時々反覆して、終には其の部の運用を妨ぐることがある。

（療法）一般に患肢を安靜に爲し、劇痛には患部の溫濕布を施し、食物は酒、其他刺戟物を一切避け、患部の周圍に靈壓法を施し、患部に接掌法及指射法を施し、最後に心臟部へ接掌法又は掌射法を施すべし。

◎筋肉ロイマチス……源因は關節を冐すものと同一である。通例僧帽筋三角筋胸鎖乳嘴筋肋間筋腰筋等に發することが多い。症候は患筋の腫起疼痛に始まり肥大或は萎縮に終るものである

（療法）筋肉ロイマチスの療法は其の患部に依つて異るも、大体に於いて患部に溫包法又は溫濕布を施し、患部の周圍に靈壓法、患部は接掌法又は指射法を施すべきである。食治法は前と同樣の注意を要するのである。

◎瘰癧……十三四年の男女に見る腺病にて、病源は結核菌に依るもので、營養不良卑濕の居住等より發するものである。

（療法）專ら飲食物の品種食事に注意し、消化の不良なものを避け、植物性食品及川魚等を用ふるのである。後頸部肩背部に靈壓法又は接掌法を施すべきである。

◎關節炎……は關節の腫起疼痛屈伸不隨强直畸形等を來たすもので、外傷、ロイマチス、結核淋毒等に依るものである。

（療法）急性なるものは靜臥を命じ、患部に冷濕布を爲し、接掌法及指射法等を施すべし、酒精及び刺戟食品は一切禁ずるのである。

◎骨膜炎……は劇熱患部の疼痛腫起潮紅或は化膿骨膜頽廢等を來たすものである。

（療法）急性化膿性は切開を要するも、慢性症には、指射法及接掌法等を施すべし。食治法は前に同じ。

◎夜泣症……は小兒の夜泣きにて俗に疳の虫と云ふが、之は消化器の不調及び異常の感動に依つて起る神經機能の興奮狀態を顯すもので、殊に虛弱、神經質、貧血せる者に多い樣である。又腸寄生虫にて發することも少くない。

（療法）源因療法に努め、腰部、頸背部に接掌法を施し、努めて氣合法を應用すれば効果がある。

◎脚氣……の源因は未だ發見せられてゐない。症候は乾性、濕性、急性の三種に分つことが出來る。乾性は初め足及下腿に知覺異常を發し次で上腿下腹口唇等にも漸次知覺異常を來たし、而して腓腸部緊脹壓痛があり、膝蓋腱反射概ね消失し步行困難となり心悸亢進等を來す。濕性脚氣は乾性症と略ぼ同一であるが、之に浮腫を兼ねるものである。急性は之を衝心性脚氣とも云つて、心悸亢進が激增し、呼吸困難苦悶等を伴ひ甚だ危險の症狀である。

（療法）初めに轉地療法が最も良い方法であるが、本症は食治法が最も必要である。玄米食、植物性食品等が非常に宜しい。刺戟物酒精等は尤も之を禁じ、衝心性のものは絕對に入浴を禁ずるのである。腹部、患部に接掌法を施すのである。

◎痲疹（はしか）……病源は今尙ほ不明であるが、其の感染は鼻腔及び咽頭腔の樣である。二才乃至八才位の小兒を冐し易く殊に春期に流行する樣である。感染後潛伏期は十日間位發疹までには十四日間位を要し、發疹前は四十度內外の高熱がある。發疹は顏面より始まり二日間位にて全身に及び、それと同時に熱は下るものである。經過は槪して良好である。

（療法）靜臥を命じ、室溫は余り寒冷でない樣にし、常に新鮮な空氣を供給し、他の小兒とは隔離し、營養は牛乳、スープ、鷄卵湯等を與へ、眼鼻口等を度々拭いてやるのである。

附　法定傳染病

法定傳染病とはコレラ、赤痢、腸窒扶斯、パラチフス、痘瘡、發疹窒扶斯、猩紅熱、ジフテリア、ペストの九種を云ふものである。

吾々心靈治療家が若し右の傳染病患者に接した時は直ちに醫療を勸め、決して之れに直接治療を試みてはならないのである。其れは病氣の傳染する恐れもあるが、法定傳染病の治療は法規上許されないのであるからである。併し玆に都合の良い方法がある。それは遠隔治療である。すでに靈的治療が凡べての病氣に卓効があるのであるから、たとへそれが傳染病であらうとも必ず効果があるものである。だから些うした時には、直接治療は斷然斷つて遠隔治療法を應用すべきである。

修靈道惡癖矯正法

惡癖の種類は極めて多いが、現今の醫術を以つて之を矯正する事は到底困難なことである。由來惡癖と云ふのは精神又は肉体の一部若しくは全部に不自然なる發達を生じ、不調和な狀態がある爲めに起る現象であるから、如何なる名醫がどんな藥劑を與へても、其の根本なる自然法則を無視しては、どうしても完全な矯正は出來ないのである。然るに之を靈的方面殊に修靈道の自然主義から考察する時は、比較的容易に矯正が出來得るのである。

前にも度々御話した如く、人間の靈性には總べて心身の不調和を除去し、其の發達を自然ならしむる作用即ち自然調和作用があるのである。だから此の特性を應用して矯癖の目的を達し得ることは必然の現象であるのである。

矯正法

既に惡癖の源理と矯正の可能が論証せられた以上は、其の方法は如何?之は當然起るべき問題である。今から其の方法に就いて御話することにする。元來惡癖と稱するは人が永い間習慣的に仕來つた事であるから之を一朝一夕に、矯すことは到底不可能なことである。術者も被術者も隨分辛棒強く、施術しなければならないのである。そして惡癖を有するものゝ凡てが、其の惡癖の發作を來たした時は、不知不識の中にさうしたくなると云ふのが常である。即ち自分自身の通常意識では、惡いから止めやうと思つても、どうしても止めることが出來なくなつて來るのである。之を心理學的に云へば潛在意識の働きと云ふのであるが、私達は是を心の不調和と云つてゐるのである。それで惡癖矯正には第一に此の心の不調和を矯正して自然に皈さなくてはならないのであるが、それにはどうしても被術者の被暗示性を利用する氣合療法を用ひなくてはならないのである。氣合療法を用ひて惡癖矯正の暗示を被術者の心に強く與へ、然る後に惡癖に伴ふ生理的の變化を治療するのである。其れには其の症狀に依つて靈法を施すのである。以下一々惡癖に就いて之が矯正法を說明する積りである。

◎吃音……は惡癖中最も數の多いものであるが、其の矯正も頗る困難である。而してどもりには先天的の者は極めて少なく、多くは後天的に人のどもる眞似をしたとか、常に早口の者とかに多い樣である。

（矯正法）吃音の者は狼狽て者で氣が小さく臆病なものである。だから其の腹部には力がなく從つて神經質の人が多い樣である。だから是を矯正するには、下腹充力法を行はせて、腹力を作り、可成落付いて話しをすることを勸めるのである。右の方法と注意とを與へて置いて然る後に「吃音は治る」と云ふ意味の暗示と共に氣合術を施し、被術者の頭部へ指射法又は接掌法を爲して、神經機能を調節するのである。又之は遠隔法に依つて治すことも非常に有効である

◎酒癖と喫煙癖……は共に被術者自身が或る程度まで克己しなくてはならぬ。如何に之を矯正すると雖も、酒や煙草を欲するまゝに用ゐては、到底所期の目的を達することは困難である。されば可成被術者自身から之を用ふることを愼まなくてはならないのである。

（矯正法）先づ暗示法としては「酒は嫌ひになる……口の所へ持つて行けば心持ちが惡るくなる……煙草は呑みたくなくなる……喫めば心持が惡くなる」と云ふ風に同樣な意味のことを何遍も繰返して云ふのである。其れと同時に氣合を掛けて其の暗示の感應を深くするのである。

而して此の矯正には被術者自身に修靈法を指導して修行せしめ、自己暗示法を行はすれば非常に効果がある。次に適當の指射法接指法等を施すのである。

◎赤面癖……とは公衆の席上又は長上の面前へ行けば、非常に苦悶し、顔面は潮紅し、甚だしいものになると全身が震動して事物を正視することが出來ず、自ら臆して言葉を發することが出來ないことがある。これが赤面癖であるが、而も些んな人に限つて平常は大言壯語して極めて大膽な振舞を爲すものである。之れは一種の神經系統の變症であるが、其の人の小膽に起因することが多い樣である。

（矯正法）此の矯正法としては常に修靈法を修行せしめて腹力を充實せしめ、氣合法を用ひて適當の暗示を與へるのである。

惡癖には以上の外色慾癖、盜癖、潔癖、食癖等種々あるが、要するに上述の方法を應用すればよいのである。

修靈道臨牀治療法之卷終

◉修靈道治療法の開業法

修靈道の治療法を公衆に施術して業となさんとする者は、所定の卒業試驗に合格したる後、治療免許狀を請求するのである。其の方法は次の通りである。

(一)、本籍地現住所族籍職業生年月日等を記入し學業職業兵役賞罰等に關する詳細なる履歷書に戸籍抄本一通を準備し、

(二)、治療証明書二通(之は自己の治療したる患者の住所氏名捺印あるもの)と自己の右二通に對する治療報告書一通とを作り、

(三)、右の書類が出來たならば、次の願書と共に返信料金三錢を添へて本部宛に提出するのである(用紙は凡て罫紙を用ふること)

修靈道治療免許狀下附願

私儀今般貴道治療に從事致度候間御許可相成度別紙所要書類相添へ此段及御願候也

住所

入門番號

氏名　印

生年月日

昭和　年　月　日

修靈道本部

道主　溝田文右衛門殿

右の手續きが濟めば本部では此れを診術の上技倆確實と認めたる者に限り規定に依つて免許狀を下附するのである。

右の免許狀さへ下附されたならば、之を警察署や官衙へ屆けなくても直ちに開業が出來るのである。但し治療所の名義は種別に依り修靈道支部、修靈道分院、修靈道治療院、修靈道治療所の中指定された名稱以外のものを用ふる事は絕對に出來ないのである。若し指定されない名稱を用ひて警察事故等が起つて本部へ照會された時には責任回答は致さないことになつてゐるだから本部で門人の開業に對して保護する代りに、門人諸君も充分本部の指示に從つて戴かなければならないのである。近頃自分勝手に何々會とか何々團とか隨意の名稱を用ふる者がある樣であるが、本道の門人は決してそんなことのない樣にして頂きたいのである。此れは單に感情や私情から云ふのではなく、他日斯道の法規が設けられた時、本會の如く主務省へ內容の屆出てあるものは良いが、其の手續のないものは、無所屬で獨立開業の資格が認められないことになるからである。

次に開業者の注意することは

一、治療の際醫療の妨げをしてはならないこと。

二、濫りに藥方を指示してはならないこと。

三、誇大な宣傳や廣告をしてはならないこと。

四、醫者にまぎらはしき行爲をしてはならないこと。

右の四項は殊に氣を附けて犯さない樣にしなければならぬ。若し右の中一項でも、犯すことがあれば、醫師法と警察犯處罰令に依つて告發されるから充分に注意して頂き度いと思ふ。

右の注意さへ諸君が守つて、誠實に治療されるなれば何時何處で開業しても差支へないのであるが、若しそれでも之を干渉する者があつたなれば直接本部から其の方へ交渉して門人諸君の便宜を圖ることになつてゐる。

修靈道主敎述

修靈道傳授敎典

修靈道占斷法之卷

道主の筆跡

第五卷　修靈道占斷法之卷目次

以　上

修靈道傳授教典　第五巻

修靈道占斷法之巻

修靈道主　溝田文右衛門　教述

靈的豫言法

天地萬有の變異を豫測したり、人事萬般の事象を前知することは、隨分古から研究されたものである。東洋では彼の周易を始め、九星、陶宮、人相、家相等を數へ擧ぐれば頗る多數に上る學術がある。彼の西洋では埃及文明の名殘を留める考星學を始め、フレノロヂ又はサイコロヂーの見地よりする豫言等が旺んに行はれたのである。又宗敎的方面からすれば神通力とか天眼通とか云つて、夙に神秘的偉能として相當に稱揚されてゐたのである。又近時長足の研究を遂げた靈能者に依る靈視や靈覺等は可驚成績を擧げてゐるのである。

以上の如く古來から行はれた諸法に依つて考へても、兎も角我々人間には或方法を以てすれば人事百般の吉凶は勿論、宇宙間に起る諸現象を、或程度迄は事前に豫知することの出來得ると云ふことは、到底否定することの出來ない事實である。我々は此の事を否定せんとするには余りに多くの實証的事實を持たされてゐるのである。

然らば人の吉凶禍福や天變地異が何故に我々人間に前知されるかと云へば、吾々には之を感知する天與の靈能が備はつてゐるからである。即ち宇宙間に起る一切の現象は、其れが人事によらず、天災によらず凡て最高の當爲たる大神靈の偉力の顯れであつて、時々刻々に起伏する宇宙間の現象は、既に大神靈の意志に依つて定められたる事象に外ならないのである。そして些うした宇宙間の現象は是れを人智を用ひて左右することは出來ないが、人間の靈性が大神靈の各分派である以上是等大神靈の意志に依つて爲さるゝ凡ての事變を前知する可能性のあることは今更論ずる迄もないのである。心靈學上の見地からして人間の靈能に依つてなさるゝ靈視や靈覺や靈感などが、適確に事變を前知する事の出來得ることは、如上の理由に依るもので、寧ろ當然の事實であるのである。

修靈道で提唱する靈的豫言法は前卷体驗の卷に於て養成されたる靈能に依つて、災禍を未前に知感して之を善處する法であつて、決して迷信でもなければ偏見でもなく、尤も人類に本性に適へる要求である。靈視と云ひ靈覺と云ひ、靈感と云ひ何れにしても此の方面には權威ある方法であるが扨て是が實行する段になれば容易なものではないのである。尙ほ是が豫言の適確を期するのは頗る困難なことである。何れにしても要は其の人の靈能の深淺巧拙に依るもので一朝に論ずることは出來ないのである。

上述の如く靈的豫言は事象豫知の方法としては最も權威あるものであるが、是を實際的方面に利用するには余程洗錬された靈能者に依つて行はなければ非常なる危險の伴ふものである。故に我々心靈學徒と雖も無闇に靈的豫言を采當なりとして行ふことは、尤も愼まなくてはならないのである。

修靈道で行ふ占斷法は勿論適確なる靈能に依つてなさるゝに超へたことはないが、是を門人の誰にも行はしむるには、一定の靈能に俟たなくても凡ての事象を占斷の出來る方法を講じなくてはならないのである。玆に於て占命法は生れたのである。凡てを自然の顯れ、自然の感知力に依つて占斷して毫も不自然な自意を交へない處に此の法の生命があるのである。占命法の占斷は凡て自然が對象である。人智の及はない自然の消長起伏を前知せんとするには、どうして自然に從順であつて而して自然に皈入しなくてはならない。其處に占命法の意義があるのである。故に占命法の研究に志さんとする諸子は、自然に對する活眼を開き、總て自然の表徵を感識することに努めなくてはならないのである。

修靈道占命鏡

（其の一）

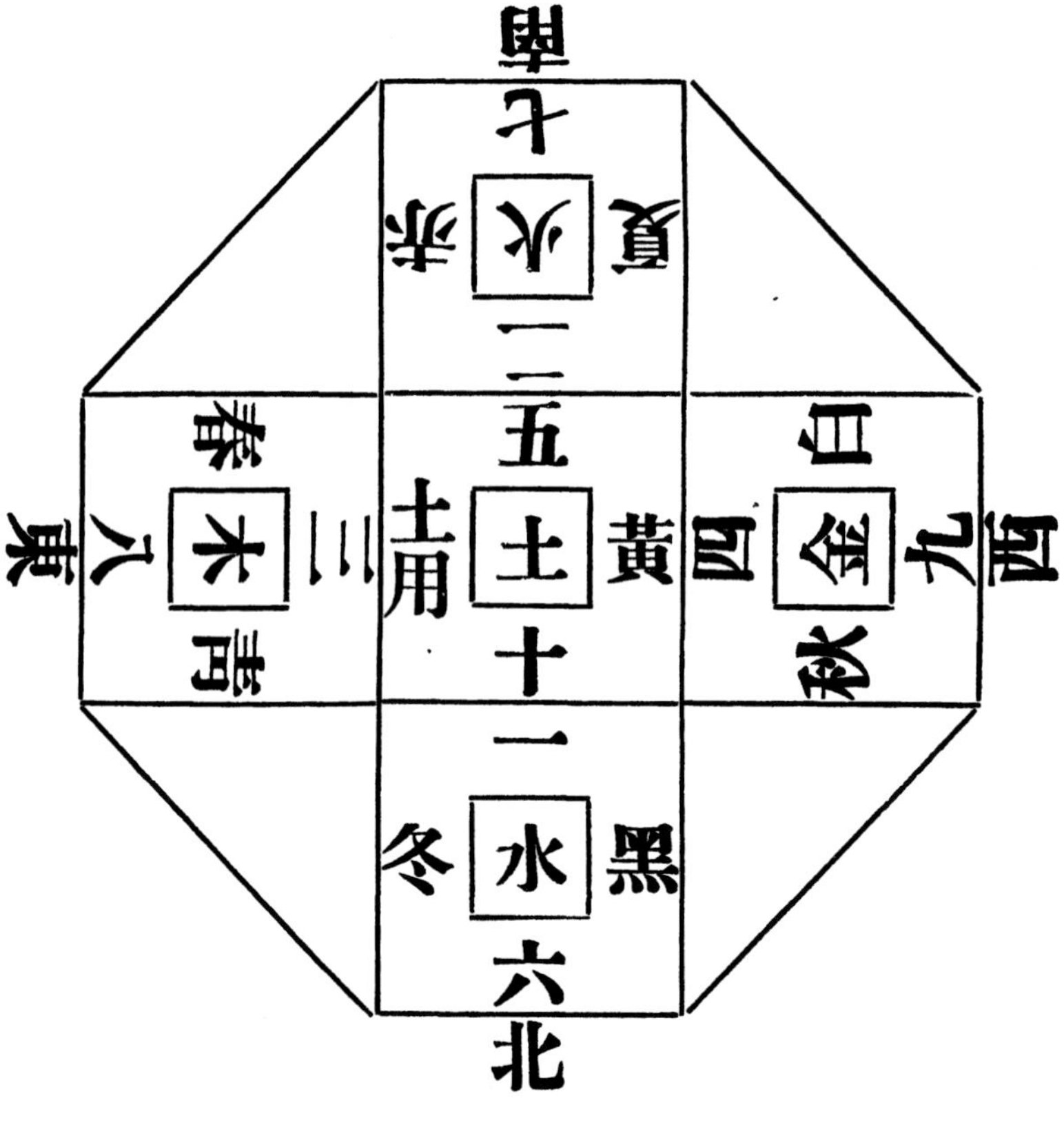

修靈道占斷法の傳授

占命五宮の解

占命法に依つて天災地異を觀破し、人の運命を占斷せんとするには、第一に占命五宮の意義に通ずることが必要である。五宮とは木火土金水の五つにして、占命鏡の如く木宮は東に配し火宮は南に配し、土宮は中央に置き、金宮は西に配し、水宮は北に配するのである。而して五宮の配屬は次の如くである。

◎木宮……は數にては三の生數と八の成數とを主どり、季節では春に當り、色彩は青又は紫に屬し、天文では雷と風を爲し、地理では東方東南方樹木のある地、大道、花果菜園、繁華な市等に屬す。又之を人体にとれば足股肘、肝臟、胆、眼、筋、爪等に配するのである。靜物では木竹、樂器、細工したるもの、繩、長きもの等に屬し、動物では、鷄、蛇、龍等に當り、家屋では東向きの家、山林の居、庭園ある家等である。

◎火宮……は數では二の生數と七の成數とを主どり、季節は夏に當り、色彩は赤に屬し、天文では日、電、紅、霞と爲し、地理は南方乾燥の地、竈、日當りよき地等に屬す。又人体では目心臟、小腸、舌、血脈、毛等に配するのである。靜物は火、書畫、文書、兵器等に當り、動物では雉、龜、蟹、螺等で、家屋は南方の家、日當りよき家、明るい窓のある家等である。

◎土宮……は數では五の生數と十の成數を主どり、季節では四季の土用に當る。色彩は黃に屬し、天文では曇り、霧、嵐等を主どり、地理では東北方、西南方、田野、故鄉、平地、山、岡墓地等に屬す。又人体に執る時は、脾臓、胃、唇、肌肉乳、手指、骨、等に配するのである。靜物では四角な物、柔かき物、布帛、綿絲、五穀、乘物、土器、地中の物等で、動物では牛、百獸、虎、鼠、鳥等である。家屋では村居、田舍、倉庫、神社、寺院等に配するのである。

◎金宮……は數では四の生數と九の成數とを主どり、季節では秋に當り、色彩は白である。天文では天、雹、霰、雨、星、新月等に屬し、地理では西方、西北方、帝都、首府、澤、水邊、等に當る。又之を人体に執る時は、肺臓、大腸、鼻、皮膚、息、首、骨、舌口、等に屬す。靜物では、金玉、寶物、圓形物、刄物、金物、缺けたるもの、廢れたる物等である。動物では馬、獅子、象、羊、等である。又家屋では水邊の家、官公署、大廈、驛舍等に屬するものである。

◎水宮……は數では一の生數と六の成數とを主どり、季節は冬に配し、色彩は黑である。天文は雨、月、雪、霜、露に配し、地理は北方、江湖、河川、濕地等である。人体では耳、腎臓、膀胱、骨、脚、等に屬す。靜物では酒器、水具、種ある物等であり、動物では水中の物である。家屋では北向きの家又は濕地の家、料理家、遊廓等である。

以上は五宮配屬の大略であるが、諸君が實地占斷に當つて、是等のことを記憶して置いて活用すれば非常に便利である。

占命法の玄機

五宮のことが一通り分つたならば、今度は占命法の玄機に就いての知識が必要である。元來占命法は自然の理から考案された占斷法で、凡てに於いて自然を尊ぶのである。其の骨子たる占命鏡の如きも、太陽は東より出で西に入る、故に一日は東より始まるので、之を一年にとる時は、四季の中で春に當るから春を東方に配し、春は草木の生ずる季節で木の勢力が最も盛な時であるから之を木宮と云ふのである。又一日の中で日が最も南方に至つた時が火氣が旺んであるから南を火宮と云ひ、四季の中で夏を配してあるのである。又土は凡ての活動の根本土台であるから之を中央に置いて土宮と云ひ、物の變生の多い四季土用を配してあるのである。此の他金宮を西方に配し、水宮を北方に配するにも各々自然の理が含まれてゐるのである。又陽の代表數たる三を東方に配し之に中央基數五を合せた八の成數を同じく東方に配屬せしめ、生數中の極陰四を西方に配し、之に同じく五を加へた九の成數を西に配屬し、成數の極十と生數の極五とを中央に配し、生數の一と成數の之に中央數の五を加へた六とを北に配し、生數の二と之に中央數の五を加へた七とを南方に配するにも各々自然の理數があるのである。又木宮が青色で、火宮が赤色で、土宮が黄色で、水宮が黒色で、金宮が白色であることも諸君には自然に了解される事と思ふ。

前に掲げた修靈道占命鏡其の一は、凡ての占斷の骨子となり、玄機となるものである。

(一)、數理占命法

占命法の中で尤も多く應用されるのは數理占命法である。之は前掲の如く五宮に配屬せられた生數と成數とに依つて、凡ての事象を占斷するのである。例へば天氣の占斷をする場合にはそれを占ふ人の年齢と占ふ日と豫則する日との數を合せて占斷するので、即ち二十一歳の人が五日の日に七日の天氣を占ふ時には、21と5と7とを加へて33となるから、其の中十位を除去すると三が殘る。だから此の三を占命鏡へ照らして其の占斷をするのである。即ち三は東の木宮に當るから、五宮の解の中木宮の部の天文の所を見て、雷とか風とか占斷するのである。又人の病氣を占斷するには病人の年齢と其の占ふ日との數を合せてやるので、例へば三十六才の人を十一日の日に占ふには、36と11とを加へて47を得、十位の40を除去すると7が殘るから此の七を占命鏡へ照すと、火宮に當る。だから五宮の解の中火宮の中の人体の部を見て、目とか心臓とかの疾患であると云ふのである。

右は數理占斷法の唯一例に過ぎないが、其の方法の詳細は後編各部に於いて述べる事とする而し此處に一つ覺ゐて於いて貰ひたいことは、占命法の過去、現在、未來のことである。是は總べての占斷に應用の出來ることであるが、占命の現在は占ふ人の年齢と占ふ月の數とを合せて、十位百位を去つたものであるが、其の未來は年齢と、占ふ日と、占ふ月の數とを合せて十位百位を去つたものである。又其の過去は年齢と、占ふ日の數の合計より其の占ふ月の數を去つて、十位百位を除去したものである。例令ば年齢廿二才の人を四月十一日に占ふとすれば其の人の過去現在未來は次の樣になるのである。

	年齢		占ふ日		占ふ月	計	用宮
過去	22	+	11	−	4	=29……	九(金宮)
現在	22	+	11			=33……	三(木宮)
未來	22	+	11	+	4	=37……	七(火宮)

普通の場合は皆な右の方法に依つて過去、現在未來を定めるのであるから、此の方式は充分心得てゐなければならないのである。

(二)、五色占命法

青色は木宮に屬し、赤色は火宮に屬し、黄色は土宮に屬し、白色は金宮に屬し、黒色は水宮に屬することは占命鏡に掲げてある通りであるが、此の五色の配宮にて事象を占斷することを五色占命法と云ふのである。即ち天氣を占ふ時白い物を見れば、遠からず雨が降るとか、赤い物を見れば照りとか、云ふ樣に其の色彩を直ちに五宮へ當てゝ占斷するのである。又人の家の前で赤いものを見れば其の家には、火傷する人があるとか、火事があるとか、目や心臟を患ふ人があるとか其の赤色を直ちに五宮の火宮に當て、占斷するのである。凡てが此の要領で人の顔色や衣服の色を見て、之を五宮に當て、其の人の心事や運命や、病氣等を占斷したり、書翰や葉書のインキの色や、紙の色で先方の心事や運命を察知したりするので、此の應用は殆ど無限であるから、諸君が經驗を積んで充分に活用されるならば、其の的中神の如くなるものがあると思ふ。要するに此の法は「相は心を追ふて變ず」と云ふ觀相學の源理や「思ひ中にあれば色外に現はる」と云ふ自然の眞理に依る占斷法で、凡て自然を尊ぶのである。それで此の法を完全に活用するには前述の五宮の意義を充分に覺ゑて置いて、機に臨み、時に應じて應用しなくてはならないのである。

修靈道占命鏡

（其の二）

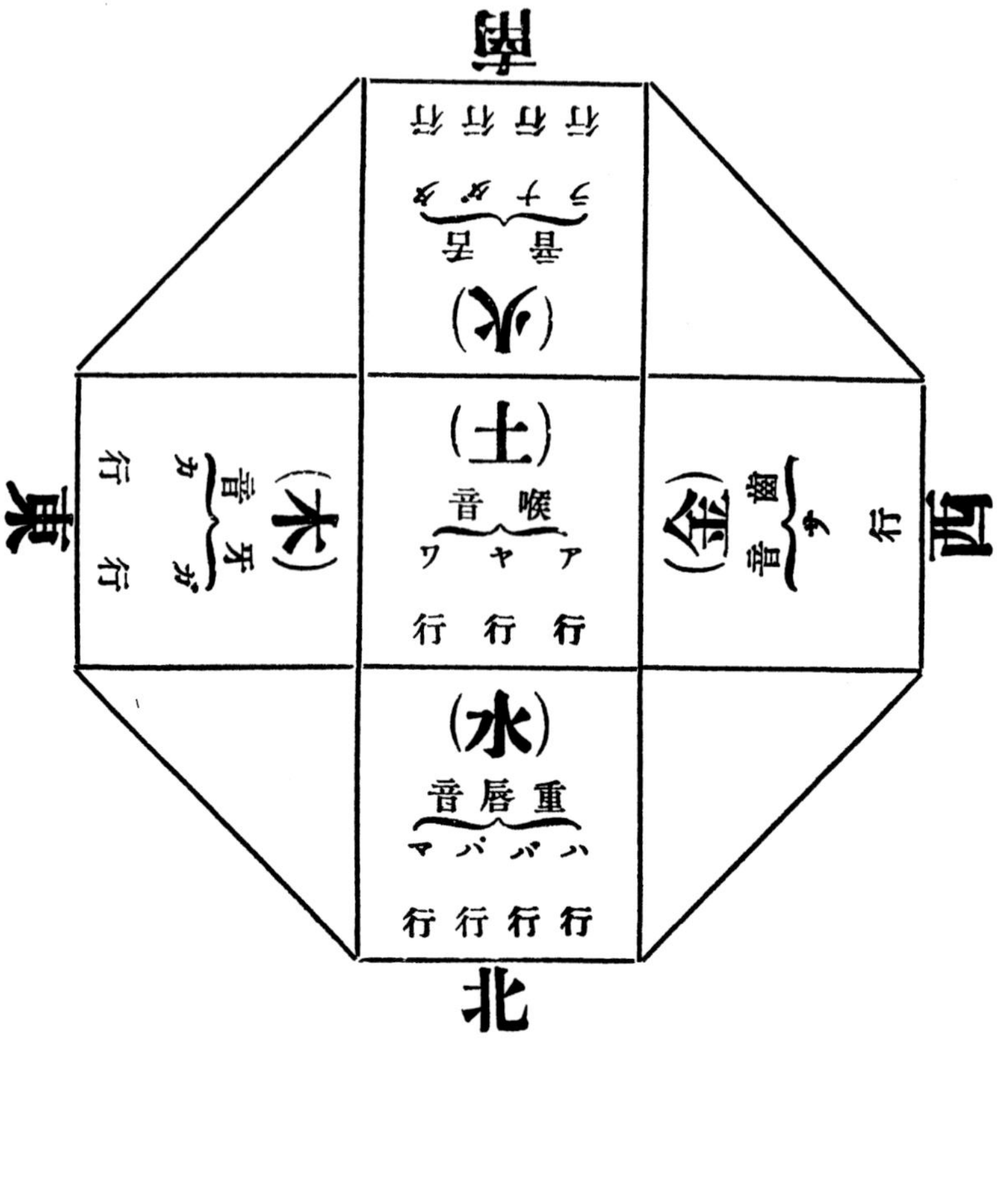

(三)、言靈占命法

玆に言靈と云ふのは在來の言靈學上に使用されたる字義とは少しく意義を異にしてゐる。本法は人の發する言音の性狀に依つて、人の性質運命等を察知し、事象の變異を豫測する方法である。

我が國語の字音を占命五宮に割當する時は次の如くである。

◎木宮＝(牙音)　カキクケコ　ガギグゲゴ
◎火宮＝(舌音)　タチツテト　ナニヌネノ　ラリルレロ　ダヂヅデド
◎土宮＝(喉音)　アイウエオ　ワイウエオ　ヤイユエヨ
◎金宮＝(齒音)　サシスセソ　ザジズゼゾ
◎水宮＝(重唇音)　ハヒフヘホ　バビブベボ　パピプペポ　マミムメモ

以上の配屬は常に記憶して置いて、或る事項を判斷する場合に、第一に耳へ入つた語音にて五宮を定め、目的の事象を占斷するのである。例へば人が「今日は」と云つて這入つて來て、何か占斷を求める場合には、「今日は」の最初の字音コはカキクケコの木宮に屬するから、凡てを木宮に當てゝ占斷するのである。又占斷を爲さんとする場合に他から洩れて來る語音を直ちに五宮に執る事もある。當に占斷を爲さんとする一刹那、「あゝ」と云ふ聲がすれば土宮に執り「さあ」と云ふ聲がすれば金宮に執つて目的の事項を占斷するのである。又此の場合電聲を聞いて木宮に執り、雨聲を聞いて水宮に執り、鈴鐘等の音を聞いて金宮に執り、茶碗の音を聞いて土宮に執り、マッチをする音を聞いて火宮に執る樣に、凡て其の音を發する物に依つて五宮を定めるも必要なことである。併し初學者は通例依賴に來た人が、第一に發した言音に依つて之を五宮に配當して占斷するのが最も便利である。

(四)、五行の生尅法

五行とは木火土金水の五つを云ふ、占命法では之を五宮に配し、占命鏡に示すが如く、東西南北中央の五座に位置することになつてゐる。而して此の五行を二つ宛相對象した場合に、互に性狀の相合ふものと、相反するものとがある。茲に於いて生尅が生ずるのである。即ち相生とは金生水、水生木、木生火、火生土、土生金の五つの對象を云ひ、相尅とは水尅火、火尅金金尅木、木尅土、土尅水等の對象と云ふのである。右の相生相尅は易、九星、陶宮、四柱推命等古來より行はるゝ凡べての占法に用ひられるもので、運命學の研究上に最も多く利用されるものである。

今茲に五行の相生說を述べて見ると、

水生木　は水より木は生ずるからである。水が竭くれば木は枯れるし、又根を伐つた木も水に浸して置けば暫く生きて居るのである。又多く木の實を取つて之を揉み潰ぶすときは水となるのである。之れが即ち水生木の理由である

木生火　は木より火は生ずるからである。木がなくして火は燃ゆることが出來ない木が盡きれば火は消える。又木と木とを摩り合へば火を發するものである。之が即ち木生火の理由である

火生土　は火より土は生ずるからである。火は消ねて灰になる、灰は土である故に火生土と云ふのである。

土生金　金は土より生ずるからである。金は多く山々の土の中に在るが故に土より生ず

るものである。之れ即ち土生金の理由である。**金生水**は金より水は生ずるからである。金を燒熱するときは水を生ずるものである。故に金生水と云ふのである。

今度は五行の相尅説を述べて見る。**水克火**は火に水を注げば消えて仕舞ふからである。**火克金**は金は火の中へ入るれば鎔解するからである。**金克木**は木は金の器具にて伐り倒されるからである。**木克土**は木の成長する時は其の根が土を犯すからである。**土克水**は流るゝ水も土をもつてせぎ止めれば流るゝことを得ず、又土は常に水を吸集するからである。以上は五行の相生相尅の大畧であるが、總べての占斷に相生は吉兆で、相尅は凶兆であるが通例である。又其の相生相尅の種別にて諸種の占斷法があるが、それは後章の各種の占斷に就いて説明することにする。

一、天候占斷法

數理占命法にて天候を占斷するには、占斷を求める人（自分又は依賴者）の年齢と占ふ日と占斷の日との數を合計して其の數から十位以上を除去した端數にて五宮を求めて占ふのである。例へば八日の日に三十歳の人が十一日の天候を占ふには、８＋30＋11＝49――九が用數でこれを占命鏡へ照らすと金宮を得て即ち晴とか霰とか占斷するのである。總べて天候は此の法式に從つて用宮を求め、其の宮に由つて次の如く占斷するのである。

三叉は八を得たときは木宮であるから風とか雷とか占斷し、二叉は七を得たときは火宮であるから、晴、日干、霞、紅等と爲し、五叉は十を得たときは土宮であるから、曇り、嵐、霧等と爲し、四叉は九を得たときは、晴、霰、雹等と爲し、一叉は六を得たときは、水宮であるから雨、洪水、雪等と爲すのである。

次に依賴者の着物又は顏色が、赤であれば火宮、靑であれば木宮、白であれば金宮、黑であれば水宮、黄であれば土宮と云ふ樣に宮を求めて占斷することも出來る。

以上は單に一法のみ用ひて占斷するも結構であるが、右二法を併用して占斷すれば尙一層正確に占斷が出來るものである。併し天候の占斷は季節に依つて一樣には斷し難いものである。同じく金宮を得ても秋なれば晴れるが、冬なれば雨又は霰雪となるのである。又火宮を得ても夏なれば照り、冬なれば曇り、春なれば晴れるものである。水宮は冬秋は雨となり、春夏は曇となる。土宮は春には小雨となり、夏は晴れて嚴暑を爲すものである。木宮は春夏冬は風となり秋は晴れとなるものである。又久しく雨の降り續く時に、土宮を得れば土尅水の相尅にて雨は止み、金宮を得れば金生水の相生で尙雨の降り續くことがある。又久しく旱魃の時に木宮を得れば、尙日干は續くし、水宮を得れば水尅火の相尅で雨となるものである。以上の占斷は初學者には少しく困難なことであるが、之れが五行生尅の應用で斯法の奧程に達するには是非共會得する必要があるのである。

次に言靈占命法にて天候を占斷するには、依賴者が第一に發した字音によつて五宮を定めるのである。例へば相手が「今日は」と云へば其の最初の字音コの音を用ひるのである。即ちコはカキクケコの木宮に屬するから、其の占斷は風とか雷とか云ふのである。以上は天候占斷の一部にすぎないが、凡て此の要領で研究するのである。

二、人心占斷法

人心の占斷法に就いては、隨分古來から研究されたもので、東洋には印度支那等に骨相學が行はれ、西洋には埃及や希臘に占星學や性相學等があつて、何れも人の心事性狀等を占斷したものである。處で世間には善く人の心中などが解るものかと云ふ人があるが、それは大なる誤謬である。實際吾人は此の人心を占斷することを常に行つてゐるのである。例へば優しい容貌の人を見れば心中の溫和を察し、猛惡な面相の人に對しては內心の暴酷を聯想することが出來る事は日常の經驗が充分物語つてゐる。

次に占命法で人心を占斷するには、數理法に依れば、占ふ人の年齡と占ふ日の數を合せて用宮を求めるのである。廿五歲の人を十二日に占ふ時は25＋12＝37∴七即ち火宮を以て占ふのである。又五色法に依る時は其の衣類又は所持品の色彩に依つて、五宮を求めるのである。即ち赤い物を持つて居れば火宮を用ひ、青い物をもつてゐれば木宮を用ふる樣にするのである。

五宮に就いて其の性狀を說明すれば次の如くである。

◎木宮は外面は剛氣であるが、內心は柔和である。心豐かで人望も愛嬌もある。併し短氣で物事を等閑にし、色慾に溺れ易く、親類や朋友を疎んずることがある。

◎火宮は聰明で難事を苦とせず敢行し、其性質は大膽である、併し大法螺を吹いたり他人を卑下したりすることもあり又色慾多辯と虛榮とが欠点である。

◎土宮は外面は溫厚沈着にて柔和の樣であるが、內心は他人をも自分をも疑ひ、迷ひ易い性質である。他人の言葉を用ひず强情我慢て失敗することが多い。

◎金宮は外面は溫和で人に取り入ることがうまい。義俠心が强く見榮を張る氣質である。凡て細かい事を好み、傾き易い、常に心躁しく世話好きである。

◎水宮は性質陰欝にて表面沈着の觀がある。內心は人を侮どり、交際の圓滿を缺き、嫉妬心が強く、吝嗇であるが色情の爲めに失敗がある。

任意の法で用法を求めたならば、右の五宮の說明に對照して占斷するのである。

他人と對話する場合に、其の人の言葉に依つて心中を察知することは、最も大切なことである。是は言靈占命法に依るもよいが、尙ほ次に述べる事も非常に參考になることゝ思ふ。

普通對話する時、太い聲の人は細事に拘泥しない豪放な氣性で、派手を好み、希望も大である。涙もろくて義俠的精神も強いが、粗暴に失して人と衝突することもある。細い聲の人は細かいことに氣がつく人である。物事は熱心にするが疑ひ深い爲めに人の言葉を其まゝ聽かず邪推する性質である。美しい聲の人は記憶力理解力に富んで居る。又他人に對して同情心が強いから人の爲めに心勞する質である。聲の惡い人は自分勝手の利己心が強く、自己を顧みず人を責める性質である。高い聲の人は正直な性質であるが短氣である。又他人に感化され易く欺かれることが多い。低い聲の人は臆病で引込思案で物事にあき易い、又氣紛れな噓言を吐く人である。締りのない聲の人は酒を好み、色慾に溺れ、殘忍な事を平氣でやる人である。早や口の人は輕卒である。根氣がなく物事にあき易い。又虛榮心が強い人である。口の重い人は動作は緩慢であるが、落付きがあつて心は正しい人が多いから、人の信用は得る人である。

以上は人と對話する時に應用すれば必ず適確に人心を占斷することが出來るのである。

三、運命占斷法

占命法にて運命を占ふには、占ふ日と占ふ人の年齢の數を合せたものを現在の運命とし、占ふ日と占ふ人の年齢と占ふ月を合計したものを未來の運命とし、占ふ日と占ふ人の年齢の合計數より占ふ月の數を引いたものが過去の運命となるのである。此の數の取り方用宮の撰び方に就いては前項數理占斷法の所に記述してあるから、是れに依つて實験するが良いと思ふ。又一寸した其の場の出來事や運命を占斷するには、五色法や言靈法に依つて單に一つ丈け用宮を求めそれに依つて占斷するのである。

以下五宮の運命に關する性狀を説明することにする。

◎木宮＝用宮が木宮に在る時は新規に一事業を始めんとするか何か名譽職に就くと云ふ事がある。又親戚朋友の事に就いて心配事がある。大いに一奮發せんとする意氣と、遠くへ旅行せんとする希望が生ずる時である。名譽や評判はあがる事があつても、金錢を散財することがあるから、經濟上の事は最密な注意が肝要である。又若き者は虚榮に憧れて繁華な所へ出でんとする希望がある。營業上の過失か、緣談の心配事が生ずることがある。

◎火宮＝用宮が火宮にある時は、文書の事か他人の爲めに損失がある。家人に眼病人が出來るか、死別する者があるか、又は離緣することがある。人に依つては訴訟事件か、火難に偶ふ事がある。人世話多く、色情の爲めか、家内の口舌で心配事が生ずることがある。亦女は懷姙する事がある。

◎土宮＝用宮が土宮にある時は、家内の不和、損失、業務の迷ひ、家内に病人が生ずる時である。又今迄親しかつた朋友知己と疎遠になり、絶交することがある。轉職移轉なぞもある。此人は金錢の融通良きこともあるが、兎角散じ易いから財布の口を占めることが必要である。

◎金宮＝用宮が金宮にある時は、金錢が手に入るか、給料が上るか、貰物あるか、縁談のあることがある。亦田畑を求むるか、家屋敷を購入するか、何か財寶を求めることがある。而し惡くすると、女に就いて口舌が起つたり、不平、不滿、不愉快な事が生ずることがある。目先の慾をかいたり、人を頼みにする樣な事をすれば、他に欺かれることがあるから充分注意すべきである。

◎水宮＝用宮が水宮にある時は、物事思ふ樣に行かず、金錢不自由を來すか、口舌が起るか、難儀のかゝる時である。叉人に依つては訴訟事件や懲役に行く樣なことがあるものである。目下か住所に就いて惱み事がある。船で航海するか、水難を蒙ることがある。叉親戚に不幸があるものである。些んな時は凡てを控へ目にして、新規な事業は絶對にしない樣にするのである。

右は五宮の主ざる運命の大畧であるが、通常の塲合は數理法なり、五係法なり、言靈法なりで目的の用宮を一つ求めて、其の宮を前記の事項に照準して占斷するのであるが、尙ほ詳しく行ふには、現在宮と未來宮と過去とを定め、五行の相生相尅を併せて考へるのである。例へば過去が金宮で、現在が木宮で、未來が火宮であれば次の樣に相生相尅を調べるのである。

過去（金）は現在（木）を尅してゐる。故に此の塲合は過去に於いて、自分の思ふまゝに、金錢を使つたり、女に迷つたりした爲めに、現在は木宮の缺陷を引き起し營業上にも過失を來たし、名譽をも損じて遠國へ行かんごするか、親戚朋友に迷惑を掛けてゐると云ふ樣に占斷するのである。併し未來（火）は現在（木）より木生火で生じてゐるから、繁華な地とか、自分の故郷を離れた所で人の信用を得て、相當の生活が出來ると云ふことになる。併し火災と文書上の損失を警戒しなくてはならないのである。

以上は唯一例に過ぎないが、凡てが此の方式に依るのである。即ち第一に過去と現在とを調べ前の様に過去が現在を尅してゐれば、過去は相當の勢力あるも、現在には衰微してゐるとなし又現在が過去を尅してゐる時は、以前には苦勞したが現在は非常に勢力があると云ふのである又過去が現在を生じてゐる時には、以前に熱心に働いた爲めに現在は幸福であるとなし、又現在が過去を生ずる時は、過去は非常に勢力が旺んであつても、現在はあまり充分ではないのである。又過去と現在とが同じな時は、過去も現在も別に變つた事もなく、至極平凡であると占斷するのである。次に現在と未來とを調べて見るのである。若し現在が未來を生ずる時は、現在よりも未來は幸福であると爲し、又現在が未來を尅する時は現在は良くても未來が良くないと云ふのである。次に未來より現在を生ずる時は、現在は盛んでも未來は平凡であるとか、未來は勢力に任せて失敗をするとか占斷するのである。未來より現在を尅する時は、現在は思ふ様に行かぬとも、未來は相當に勢力を得ることが出來ると云ふのである。そして前述の吉凶を論ずる時は、其の宮の意義に依つて應用すべきである。

四、病氣の占斷法

言靈法と病源觀破　言靈法にて病氣の源因を觀破するには、依頼に來た人が第一に發した言音で占斷するのである。若しそれがカキクケコ、ガギグゲゴの中であれば木宮に屬するから、肝臓、胃腸病等となし、タチツテト、ナニヌネノ、ラリルレロ、ダヂヅデドの中であれば、火宮に屬するから、眼、心臓、腦等に源因があると爲し、アイウエオ、ワイウエオ、ヤイユエヨの中であれば、土宮に屬するから、下腹部、筋骨等の疾病と爲し、サシスセソの中にあれば、金宮に屬するから、肺、腦神經、瘡毒等の疾病となし、ハヒフヘホ、バビブベボ、パピプペポマミムメモの中にある時は、水宮に屬するから、腎臟、生殖器、眼等の疾病と爲すのである。

數理法に依る病氣の占斷法、病人の年齡と占斷する日の數との合計で五宮を得るのである。それが三八の數に當れば木宮であるから、足股肘、肝臟、胆、腹部等の疾患に屬し、殊に此の人は動脈管に異狀を起し易すく、食傷、充血、又は多血に起因する病氣を發し易いのである。又二七の數に屬する時は火宮に當るから、目、心臟、小腸、血脈等に類する病氣を發し、殊に此人は筋肉に影響を及ぼし、其の纖維の搬衝作用に起因する病氣を發し易いのである。五十の數に當る時は土宮に屬するから、胃腸、脾臟、骨等の疾患を起し、殊に此の人は神經系統の上に甚だ惡い影響を及ぼし、ロイマチスや耳病に罹り易いものである。四九の數に當る時は金宮に屬するから腦、肺臟、鼻、皮骨等の疾病と爲し、殊に此の人は身体の靜脈系に影響を及ぼし血液の汚濁する壞血病、濕疹痳疹等を發し易いのである。一六の數に當る時は、水宮に屬するから、耳、腎臟、膀胱等を病み、殊に此人は知覺神經中樞に影響を及ぼし、反射作用に依りて運動神經に異狀を生じ易いものである。

次に病氣の輕重を論ずるには、過去と未來が現在を尅する時は重病である又其の反對の時は輕病で遠からず治癒するものである。現在を過去が生じ、未來を現在が尅する時は今が病氣の項上で段々に輕快になるのである。

過去が現在を生じ、現在が未來を生ずる時は病氣は益々重くなるのである。現在も未來も過去も皆同樣の時は病氣は余り重くもないが、はか〴〵しく治癒しないのである。因に本占斷には修靈道診斷法の項にある望診法を應用する事が必要である。

五、願望の占斷法

願望の占斷は、依賴する人の年齢と占斷する日の數とを合せて、用宮を求めて其の可否善惡を占ふのである。それが一六の數なれば水宮であるから、困難多く成就しがたいのである。又此の場合過去が現在を生じ、現在が未來を生じてゐれば、例令へ困難が多くても後には準ふのである。三八の數なれば木宮であるから、願望は成就するのであるが、此の場合は急速に計るが良いのである。併し過去と未來とが現在を尅してゐる時は、少しく困難である。二七の數なれば火宮にて、願望は成就するが余り上調子に輕卒に行へば成就しないのである。殊に文書類の災禍を防ぐ事が必要である。四九の數は金宮に當るから願望は他より妨げられて成就しないのであるが、過去と現在と未來とが相生してゐれば辛うじて成就するのである。五十は土宮に當るから願望は婦人の力を借りて成就するのである。併し過去と未來とが現在を尅する時は婦人の爲めに妨げられて調はないことがある。

六、結婚の占斷法

結婚の占斷は依賴人の年齢と占ふ日の數とを合せて用宮を求めるのである。用宮が水宮なれば話は成立するも困難は多く、女子は心性聰巧である。木宮は身分自分より上の緣談は成立す女子は甚だ痩形である。火宮は成立せず、たとへ成立するも直ちに離別するものである。女子は髮が赤毛である。金宮は成立せず例へ成立するも苦情紛紜がある。女子は美人である。土宮は成立す、故郷の人又は寡婦との結婚は殊に宜ろし、女子は肥ゑてゐる。右は五宮の宮意に依つて占斷するのであるが、此れへ過去、現在、未來の相生相尅を併せて考へる事も必要である又は男女双方の年齡が分る時は、男子の年齡と女子の年齡へ別々に占ふ日の數を合せて、用宮を求め、双方の相生相尅を調べ、相生の時は緣談は成立し、相尅の時は成立しないものである殊に女の用宮が男の用宮を尅する時は、女の勢力が强くて納まらないものである。既に婚姻してゐる者の進退を決する際も、前述の用宮の宮意にて決すべきである。

七、出產の占斷法

出產は產婦の年齡と占ふ日の數とを合せて用宮を求めるのである。水宮のときは難產で苦しみ多く、生兒は男子である。木宮のときは注意すれば安產である、男子が生れるのである。火宮のときは至極安產である。女子が生れる、併し產後に心臟病が起ることがあるから注意することが肝要である。土宮は安產である但し春季の產は母体に障害がある。金宮は男子なれば難產女子なれば安產である。

現在より未來を生ずる時は安產で、未來より現在を尅する時は難產である。過去より現在を生ずる時は產婦は健全で、過去より現在を尅する時は產婦の身体に惱みがあるものである。出產の占斷は大体以上の通りであるが、若し產婦が直接依賴に來た時は、言靈法及び五色法を應用することも必要である。

八、出行の占斷法

旅行又は商用等で他へ出行する時の吉凶を論ずるのである。是れは依賴人の年齡と占ふ日と出行豫定日の數を合せて用宮を求めるのである。即ち水宮を得れば、近き所又は航海等は吉なれども陸路遠方へ行くは凶である。木宮は東方へ向ふは吉なれども他は凶である。自己の名譽に關する出行は良いが、財利を目的とする出行は悪いのである。火宮は凡て吉である但し證文の間違ひを避けなくてはならぬ。土宮は近くは吉にて遠くは凶である。併し郷里へ行くは吉。金宮は遠方に行くは凶、近き所は吉である。

未來が現在を生ずる時は吉で、現在が未來を尅する時は速かに皈らなくてはならないのである。

九、訴訟の占斷法

訴訟の占斷は依頼人の年齡と占ふ日との數を合せて、用宮を求めて次の宮意を參酌するのである。水宮は敗訴である訴へて反つて困しむのである。木宮は倦まずに進行すれば勝利であるが、結局は費用が多くて散財するものである。火宮は必ず勝利である。土宮は和解が得策である。金宮は紛紜を增して損失が多いから可成控ね目にするがよい。

現在が未來を生ずるは吉で、未來が現在を尅するは凶である。過去が現在を尅するは不利で現在を生ずるは利益である。凡てに相剋は損失が多く、相生は良結果が得られるのである。

修靈道占命鏡

（其の三）

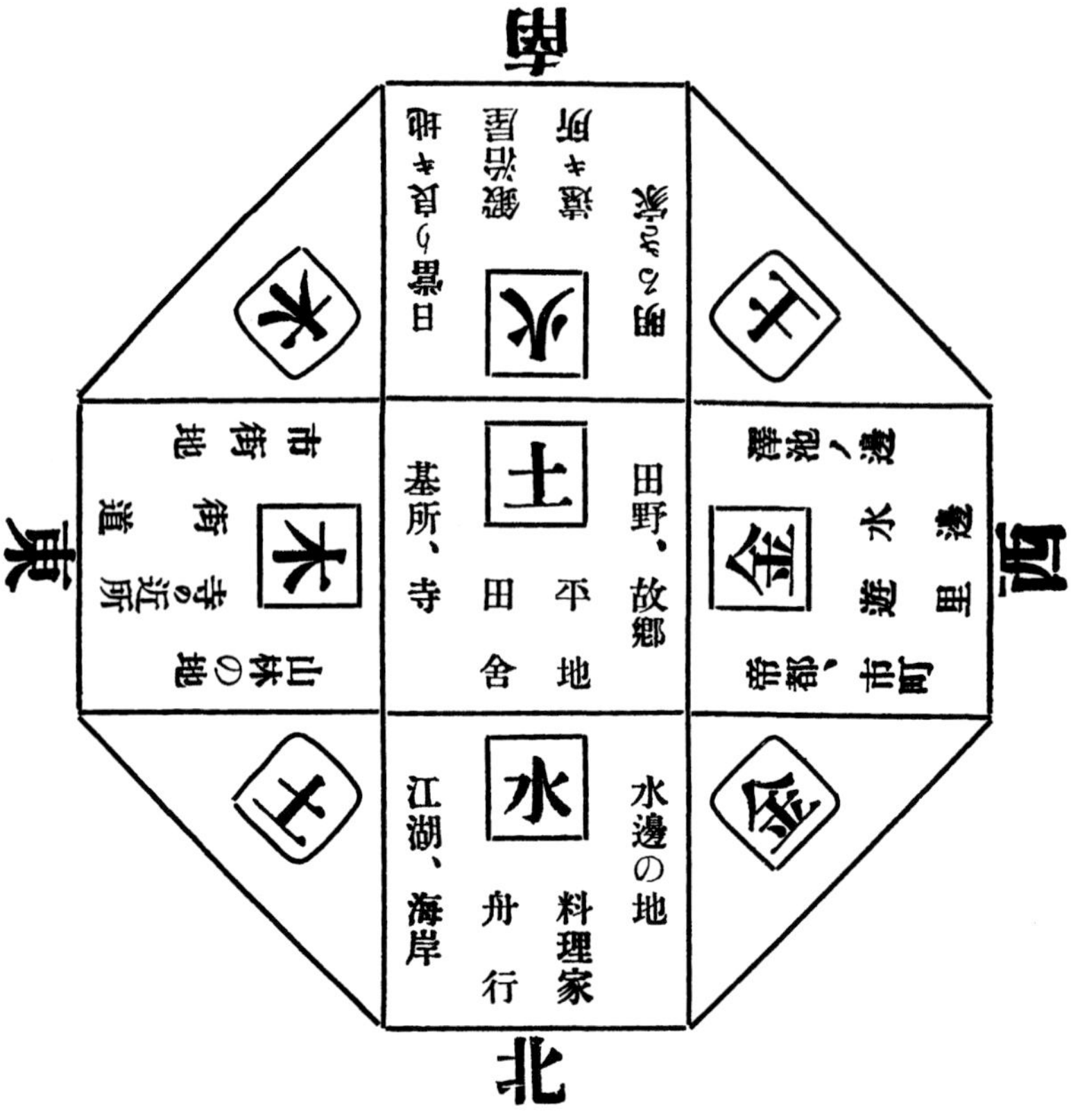

十、走人の占斷法

走人の時その方位を占斷するには、走人の年齢と占ふ日の數とを合せて、宮を求め、若しそれが木宮であれば圖の如く東か東南の方であり、火宮であれば南の方であり、土宮であれば極く近所に居るか又は東北か西南の方に居り、金宮であれば西か西北の方に居り、水宮であれば北方にゐるのである。又木宮の時は、少し隔りたる所にゐて更に遠へ走らんとしてゐる。早く捜索しないと遂に捕へられざることがある。塲所は繁華な地、又は山路である。火宮の時は遠く出づ、色情の爲めに家出することあり、音信が來る。塲所は人の集合する所である。土宮の時は、其地を去らず、鄕里に皈ることがある。年長の婦人の宅か農家を尋ねるが宜しい。行きて止まり後皈ることがある。金宮の時は遠方に出づる事がある。行去りて後に音信がある、女に緣ある所に居る、若き者は女と共に逃げることがある。塲所は繁華な土地又は險阻地に行く形跡がある。水宮の時は、近憐に隱れて居る。非常に困難してゐるのである。塲所は酒茶屋、水邊又は山川谷等のある所に關係あり。

次に現在が未來を生ずものは、永い間皈る意志がなく、現在が未來を尅するのは直ちに皈るものである。又占ひの依賴に來た人の年齢と占ふ日の數の合計とで得た數で宮を求め、其の宮が逃げた人の宮を尅する時は速やかに皈るが、生ずる時は容易に皈らないものである。

十一、失物の占斷法

失物の占法は失せた人の年齢と占ふ日の數を合せて用宮を得るのである。木宮は他へ動く、東か東南の方位である。下人の内少女の手に入ることあり、棚の如き物の下にあることあり。場所は道、二階、花園等に關係あり。火宮は品物遠く持ち行くことあり、使用人の取ることあり、場所は火鉢、竈、神棚等の近き所、書文の箱又は間にあることあり。土宮は布帛類の下にあることあり、口のある器物中にあり、地に落つることあり、南西か東北の方位である、場所は倉、人の出入する所、八疊の間等に關係がある。金宮は家内を探すべし、倉の中にあることあり、場所は高き所、二階、金物等に關係がある。水宮は内に在り、押入戸棚等を尋ぬべし、當分知れ難けれども後に出づ、場所は水邊、酒屋等に關係あり。現在が未來を生ずれは失せ物は出るが、尅すれば出ないものである。

十二、待人の占斷法

待人の占法は占斷依賴人の年齡と占ふ日の數とを合せて用宮を求めるのである。木宮は急いで來るか手紙が來るのである。三時間又は八時間遠きは三日又は八日間を要するものである。火宮は文通がある二時間又は七時間遠きは二日又は七日間である。土宮は遲く來るものである五時間又は十時間遠きは五日又は十日間である。金宮は怠つて遲きか、遊んでゐることがある四時間又は九時間遠きは四日又は九日間である。水宮は容易に來らず、困しむ形跡あり、一日又は六日間遠きは一ヶ月又は半ヶ年間である。

現在が未來を生ずる時は來る時期は延引し、未來を尅する時は速やかに來るものである。

十三、賣買の占斷法

賣買の占法は依頼人の年齢と占ふ日の數を合せて、用宮を求めるのである。木宮は將さに上らんとしてゐる。買ふに利がある。火宮は上つて後に下る。土宮は安し、買ふに利がある。金宮は高かし賣るに利がある。水宮は下つて後上るものとす。現在が未來を尅するものは安く、未來を生ずるものは高いのである。

人の依頼を占斷する時の注意

以上で大体の占斷法は述べたのであるが、凡べて人の依頼を占ふ時には、其の言辞を聞き、或は其人の品位を觀、顔色を眺め、衣服を觀察して之を五宮に當て、占斷するのである。若し又信書を以つて占斷する時は、其の書の最初に書いてある字の音にて五宮を求めて、その事項を占斷するのである。占命法は自然を尊ぶから自分の五感に映感した自然の儘を五宮に當てゝ占斷するのである。次に參考の爲め人の顔を見て吉凶を見る方法を述べて諸君の應用に俟つ事にする。

◎額の狹い者は弟か妹で、廣い者は兄か姉である。◎目縁の邊が黑ずんでゐる者は夫婦仲が惡るく離縁するものである。◎額の邊に赤い光澤のある時は喜び事がある。◎額に赤い点がポツ〳〵出て居る人は喧嘩とか裁判事件がある。◎額に白い色が出てゐるときは、家内に病人がある。又黑色の時は口舌や心配事がある。◎眉の中頃で切れて薄くなつて居る者は、兄弟の緣薄きか、兄弟の助けを得ざる者である。◎笑くぼがあるものは、家を二軒持つか、支店を出すか新家を造る人である。◎鼻筋が中途で高くなつてゐるか又は凹んでゐる者は中年で身代を減らすか或は潰すことがある。◎女の髮の毛か縮れてゐる者は一度で緣が濟まず又寡婦になる事がある。◎若くて白髪の多い者は父母に早く別れるか、父母の助けを借りないものである。髪の毛が黄色で縮れてゐる者は、苦勞多くして發達成巧は困難である。◎女の目が大きくて光ある者は良人を尻に敷くものである。◎小鼻と鼻の先の肉の豊かな者は福分がある。鼻の先が尖つて肉のない者は貧相である。◎耳の尖りたる者は活潑で利口である又短氣で決斷が早いものである。◎耳の肉厚く緊まつて居る者は福分があつて達者である。

以上述べた事は一寸人に接した時其の顔形に依つて判斷するのである。之は十中八九迄は適中するものであるから機に臨み時に應じて活用すれば、惜かに益することが少くないのである

修靈道占斷法開業の手引

占斷法の開業を爲すものは、本道の卒業証書を得たる者で、占斷の適中例（方法場所立合人記入）に履歴書戸籍抄本各一通宛（但し治療免許出願に添へてあるものは必要なし）添へて左記書式の願書と返信料金三錢也相添へ出願するのである。

占業士免許下附願

私儀今回修靈道占業に從事致度候間別紙必要書類相添へ此段及御願候也

本籍地
現住地
族　籍

昭和　年　月　日

氏　名

生年月日

修靈道本部
道主　溝田文右衛門殿

右の手續に依つて本道より免許証を下付されたならば其の免許証を以つて開業する所轄警察署へ出頭して、何月何日から何處で開業する旨を口頭で届ければよいのである。併し東京で開業する場合には左記の法規に依つて届け出づるのである。

警視廳令第十號占業者取締規則

第一條　本令に於て占業者と稱するは他人の依頼を受け易、人相、骨相、手相、九星、運勢其他の占法に依り將來の吉凶禍福を判斷することを業とする者を謂ふ。

第二條　占業者たらんとする者は左の各號の事項を具し履歴書を添へ開業三日前迄に其の業務所、業務所なきときは住所を管轄する警察官署に届出づべし。

一、本籍、住所、氏名、年齢
二、業務所の位置（業務所なきときは主として業務を執る場所）
三、易占の方法
四、料金額

第三條　前條の規定に依り届出でたる者は左の様式の木札を調製し所轄警察官署の烙印を受くべし之を毀損、亡失し又は記載事項に異動を生じたるとき亦同じ。

第四條　占業者は就業中前條の木札を携帯すべし。前條の木札は警察官史の請求ありたるときは何時にても之が提示を拒むことを得す。

第五條　占業者は料金額を客の睹易き場所に掲示すべし、名義の何たるを問はず前掲示に依り掲示したる定額外に金品を受くることを得ず。

第六條　占業者及其補助員は濫に見占を勸誘し又は依賴者を其の業務所若くは住所に宿泊せしむることを得ず。

第七條　占業者は左の各號の一に該當する判斷の告知を爲すことを得ず。

一、醫療を妨げ又は保健に害を及ほすの虞あるもの。
二、射倖心を煽り又は遊惰の情緒を惹起するの虞あるもの。
三、家庭の平和を攪乱するの虞あるもの。
四、前各號の外警察官署の禁止したるもの。

第八條　左の各號の一に該當するときは三日以内に所轄警察署に屆出づべし。

一、第二條各號の事項に變更ありたるとき。
二、廢業したるとき。

第九條　占業者にして公安を害し若くは風俗を乱すの虞ありと認むるときは警視廳に於て其の就業を禁止することあるべし。

第十條　左の各號の一に該當する者は拘留又は科料に處す。

一、第二條の屆出を爲さずして占業を爲したる者。
二、第三條乃至第八條の規定に違反し又は第九條の規定に基き發する命令に違反したる者。

第十一條　占業者は其の業務に關し補助員の爲したる行爲には自己の指揮に出でざるの故を以

て其の責を免るゝことを得す。

附　則

第十二條　本令は大正十年五月二十日より之を施行す。

第十三條　現に占業者たる者は大正十年六月十日迄に第二條の規定に依り屆出づべし。

木札

表

業務所
住所
氏名
生年月日
○占業者票

裏

昭和　年　月　日
○警察署印

縦二寸五分
横一寸八分

以上は東京に於いで開業する者の規則であるから他で開業する人は右の手續はいらないのである。併し本規則で禁止されてゐる事項や次に述べる警察犯處罰令の事項は決して犯さない様にするのである。

警察犯處罰令第二條

左ノ各號ノ一ニ該當スル者ハ三十日未滿ノ拘留又ハ二十圓未滿ノ科料ニ處ス。

十七　妄リニ吉凶禍福ヲ說キ又ハ祈禱、符呪等ヲ爲シ若ハ守札類ヲ授與シテ人ヲ惑ハシタル者

十八　病者ニ對シ禁厭、祈禱、符呪等ヲ爲シ又ハ神符神水等ヲ與ヘ醫療ヲ妨ケタル者。

現在占業に定められてある法規は以上の如くであるから是等の事項を嚴守して犯かさなければ、何時開業しても差支へないのである。

修靈道占斷法之卷終

修靈道卒業試驗問題

◎修靈道に對する感想を述べよ。
◎修靈道の体驗談を記せ。
◎修靈道治療法の特徴を述べよ。
◎修靈道治療の奏効せし實驗談を記せ。
◎修靈道占斷法の適中例を示せ。
◎修靈道宣布に對する自己の覺悟如何。
◎修靈道に關する自己の研究事項を記せ。

右七問題中任意な問題三題を撰出して、答案を作成し、原稿紙に記して、答案審査料金五拾錢を添へて本部宛に提出するのである。本部では答案審査の結果、成績佳良なるものには卒業證書を授與し、不良なる者には答案を返送し、答案の改作を成さしめるのである。答案再提出の場合は郵券三錢を添付することになつてゐる。

注意　答案には入門番號に住所氏名を明記し、捺印の上提出すること。答案提出の場合は自己の寫眞（但し一人寫）を一枚添へること。

修靈道本部
皇國修靈會

昭和二年九月一日印刷
昭和二年九月十五日發行
昭和三年七月十五日再版印刷
昭和三年七月三十日再版發行
昭和四年七月十五日三版印刷
昭和四年七月三十日三版發行
昭和五年三月十日四版印刷
昭和五年三月十五日四版發行

【非賣品】

著者　靜岡縣小笠郡掛川町掛川五四八番地ノ一　溝田象堂
印刷人　靜岡縣小笠郡掛川町掛川一一三〇番地　笠原利助
印刷所　靜岡縣小笠郡掛川町掛川一一三〇番地　皇國修靈道本院印刷部
發行所　靜岡縣小笠郡掛川町掛川五百四拾八番地ノ一　皇國修靈道本院
振替東京三八四三八番

修霊道伝授教典

昭和　二　年九月十五日　初版発行（皇国修霊道本院）
平成二十一年五月二十日　復刻版初刷発行
令和　七　年五月十三日　復刻版第二刷発行

著　者　溝田象堂

発行所　八幡書店
東京都品川区平塚二―一―十六
KKビル五階
電話　〇三（三七八五）〇八八一
振替　〇〇一八〇―一―四七二七六三

ISBN978-4-89350-667-2 C0014 ¥2800E